Le contentieux administratif en droit de l'Union des Comores

Logiques Juridiques

Fondée par Gérard Marcou
Dirigée par Jean-Claude Némery et Thomas Perroud

Le droit n'est pas seulement un savoir, il est d'abord un ensemble de rapports et pratiques que l'on rencontre dans presque toutes les formes de sociétés. C'est pourquoi il a toujours donné lieu à la fois à une littérature de juristes professionnels, produisant le savoir juridique, et à une littérature sur le droit, produite par des philosophes, des sociologues ou des économistes notamment.

Parce que le domaine du droit s'étend sans cesse et rend de plus en plus souvent nécessaire le recours au savoir juridique spécialisé, même dans des matières où il n'avait jadis qu'une importance secondaire, les ouvrages juridiques à caractère professionnel ou pédagogique dominent l'édition, et ils tendent à réduire la recherche en droit à sa seule dimension positive. À l'inverse de cette tendance, la collection « Logiques juridiques » des éditions L'Harmattan est ouverte à toutes les approches du droit. Tout en publiant aussi des ouvrages à vocation professionnelle ou pédagogique, elle se fixe avant tout pour but de contribuer à la publication et à la diffusion des recherches en droit, ainsi qu'au dialogue scientifique sur le droit. Comme son nom l'indique, elle se veut plurielle.

Dernières parutions

Élise FRAYSSE, L'Etat dans la construction doctrinale du droit administratif, Tome 1, 2022.
Élise FRAYSSE, L'Etat dans la construction doctrinale du droit administratif, Tome 2, 2022.
Nabil MOUNIR, *La liberté d'expression publicitaire, Réflexions critiques*, 2022.
Jacques DELGA, *L'association syndicale libre (ASL). Un mode de gestion alternative de la copropriété,* 2022.
Mon-espoir MFINI, *Droit des affaires : instruments de crédit et de paiement*, 2022.

Athoumani YHOULAM

LE CONTENTIEUX ADMINISTRATIF EN DROIT DE L'UNION DES COMORES

L'Harmattan

5-7, rue de l'École-Polytechnique ; 75005 Paris

http://www.editions-harmattan.fr

ISBN : 978-2-14-026208-1

EAN : 9782140262081

Sommaire

Index des principales abréviations utilisées

AGID	Administration générale des impôts et des domaines
AJDA	Actualité juridique- Droit administratif
AU	Assemblée de l'Union
CA	Cour administrative
CC	Cour constitutionnelle
CE	Conseil d'État
Ch.civ	Chambre civile
Coll	Collection
Cons.const	Conseil constitutionnel
ED	Edition
EPA	Établissement public à caractère administratif
IBID	Ibidinem
LGDJ	Librairie générale du droit et de la jurisprudence
N°	Numéro
PR	Président

RJCSC	Revue juridique de la Cour suprême des Comores
RAPO	Recours administratif préalable obligatoire
REP	Recours pour excès de pouvoir
TA	Tribunal administratif
V	Voir

Introduction générale

Le contentieux administratif en droit de l'Union reste une matière peu abordée. Cela s'explique de prime abord par le véritable fait que le législateur s'y intéresse insuffisamment et, ensuite, par le fait que les juridictions de l'Union interviennent rarement sur des affaires touchant l'administration. Quant à la doctrine, elle est absente ; en effet, il n'y a pas assez de recherches scientifiques menées exactement sur le contentieux administratif. Par voie de conséquence, cet ouvrage a pour but principal de faire davantage parler cette matière. Et quand bien même la tâche n'a pas été facile en revanche, les éléments essentiels unifiés ont pu donner naissance à cet ouvrage, lequel va permettre à la fois de découvrir la juridiction de l'ordre administratif et de comprendre la manière dont se déroule le procès administratif en Union des Comores devant les juridictions administratives.

Le contentieux administratif, pour employer l'expression de la doctrine administrative, « désigne le règlement des litiges par les juridictions administratives ainsi que les règles qui s'appliquent à ce procès »[1]. Il y a par suite deux éléments qui permettent effectivement de distinguer le contentieux administratif de celui qui n'oppose que les personnes de nature privée. Le premier élément est la présence d'une juridiction de l'ordre administratif distincte de la juridiction de l'ordre

---

[1] Alix PERRIN – *Contentieux administratif*, Dalloz, 1er éd., 2020, p. 1.

judiciaire. Le second élément est l'existence des règles spécifiques qui s'appliquent particulièrement au contentieux mettant en cause l'administration ; en principe, ces règles ne doivent pas être exactement les mêmes règles qui s'appliquent aux personnes privées. Par ailleurs, tenant compte de l'absence d'un code de procédure administrative en Union des Comores, certaines règles appliquées à l'heure actuelle, et concernant le contentieux administratif, sont issues du code de procédure civile comorienne[2]. Cette situation va à l'encontre du précepte même du dualisme juridique, voire du dualisme juridictionnel. Car en réalité, la véritable consécration d'une juridiction administrative suppose naturellement l'applicabilité des règles propres au contentieux administratif. Sinon, et comme l'a raisonnablement expliqué le professeur TRUCHET, « si les mêmes règles sont appliquées par les deux juges, à quoi bon des règles spéciales pour l'administration ? »[3]. D'où l'intérêt d'adopter des règles spéciales qui vont être appliquées par le juge administratif de l'Union en vue de contrôler la légalité des actes administratifs. Ainsi, le litige qui va opposer l'administration, autorité normative, doit être porté devant la juridiction administrative de l'Union et qui va appliquer des règles de droit public différentes des règles de droit privé. Cela signifie que seules les

[2] L'ordonnance, n° 19-003, du 19 octobre 2019 relative à la Cour suprême précise, à travers l'article 129, que « la procédure suivie [concernant le litige porté devant la section administrative de la Cour suprême] en appel et cassation est celle prévue par le code de procédure civile ». De même, l'article 53 de la loi, n° 20-020, du 12 décembre 2020 portant organisation judiciaire en Union des Comores précise que « la Cour d'appel est saisie conformément aux dispositions du code de procédure civile, du code de procédure pénale et des textes particuliers ». Or, cette Cour statue aussi en matière administrative.

[3] Didier TRUCHET – « Plaidoyer pour une cause perdue : la fin du dualisme juridictionnel » - AJDA, 2005, p.1767.

juridictions administratives doivent connaître le contentieux administratif ; c'est le but même de la consécration du principe du dualisme juridictionnel.

Cela dit, cet ouvrage fournit des éléments essentiels permettant de comprendre cette matière. En premier lieu, il présente les textes et jurisprudences existantes et en rapport avec le contentieux administratif. Très récemment, trois textes ont vu le jour. Le premier est relatif à la Cour suprême[4] et le second texte porte sur l'organisation judiciaire[5] en Union des Comores. Le troisième texte, qui n'est pas encore promulgué, est adopté en séance plénière le 29 juin 2021 et porte sur l'organisation et sur le fonctionnement des tribunaux administratifs. Par ailleurs, en raison de l'absence de sa promulgation, cette loi n'est pas encore en vigueur. Ainsi, plusieurs notions consacrées par cette loi ne seront pas abordées dans cet ouvrage, comme la notion du référé administratif et la notion portant sur la tenue des audiences. Celles-ci feront l'objet d'une étude lors de la prochaine édition en espérant que d'ici là, la loi sera promulguée.

En second lieu, les éléments fournis permettront simultanément de découvrir la juridiction administrative de l'Union et de saisir la manière dont se déroule le procès devant les juridictions de l'ordre administratif de l'Union des Comores.

Enfin, cet ouvrage émet des idées en vue de renforcer et de rationaliser ce principe du dualisme juridictionnel. Notons que

---

[4] Il s'agit de l'ordonnance n° 19-003 du 19 octobre 2019, abrogeant et remplaçant la loi organique n° 05-012 du 27 juin 2005 relative à la Cour suprême.

[5] Il s'agit de la loi n° 20-020 du 12 décembre 2020 relative à l'organisation judiciaire en Union des Comores.

l'insuffisance textuelle et jurisprudentielle constitue un obstacle à l'évolution de cette matière.

Dès lors, cet ouvrage permettra effectivement aux étudiants de l'Université des Comores ainsi qu'aux éminents praticiens (magistrats et avocats) et aux théoriciens de découvrir cette matière tout en la saisissant de manière pédagogique.

Plan : cet ouvrage est divisé en deux parties. La première partie présente la juridiction administrative au regard du droit de l'Union des Comores (partie 1). La seconde partie aborde la procédure administrative en droit de l'Union des Comores (partie 2).

PREMIÈRE PARTIE.

LA JURIDICTION ADMINISTRATIVE EN DROIT DE L'UNION DES COMORES

CHAPITRE 1.

La genèse de la juridiction de l'ordre administratif en Union des Comores

L'essentiel

La consécration d'un ordre juridictionnel administratif en Union des Comores date précisément depuis la Constitution du 23 décembre 2001. Cette juridiction administrative est créée dans le but de désengorger les juridictions de l'ordre judiciaire. Mais il est notable de rappeler qu'à l'époque de la République fédérale islamique des Comores, il n'existait aucune juridiction de l'ordre administratif. En effet, le principe appliqué durant la période de 1977 à 2001 étant celui du monisme juridictionnel, c'est-à-dire l'existence d'un seul ordre de juridiction, celle relevant de l'ordre judiciaire, chargé de connaître tous les litiges. Ce n'est donc qu'à partir de 2001 que le principe du dualisme juridictionnel a été instauré. Dès lors, l'on a révélé un ordre juridictionnel administratif distinct de la juridiction de l'ordre judiciaire. Ainsi, dans ce chapitre, il sera question de présenter l'origine de la juridiction de l'ordre administratif en Union des Comores.

La juridiction de l'ordre administratif trouve son véritable fondement dans la Constitution de l'Union des Comores de 2001. Dès lors, « les Comores se caractérisent par une organisation juridictionnelle qui prévoit, d'un côté des juridictions judiciaires et de l'autre côté, des juridictions administratives »[1]. Néanmoins, la consécration de ce dualisme

---

[1] Cour. sup de l'Union des Comores – « Faut-il supprimer les juridictions administratives » - note d'observations, *RJCSC*, n° 1, 2019., p. 81.

juridictionnel est encore ineffective. La garantie constitutionnelle de la compétence du juge administratif de l'Union n'est pas encore acquise. Aujourd'hui encore, la question sur la compétence du juge administratif se pose. Certes, durant ces deux dernières années, l'Assemblée de l'Union a adopté des textes en rapport avec la juridiction administrative toutefois, il reste beaucoup de choses à mettre en œuvre, notamment la création d'un code spécial de procédure administrative, la séparation réelle des juridictions administratives aux juridictions de l'ordre judiciaire et sur la question du bon déroulement du procès administratif.

Par-delà la consécration du principe du dualisme juridictionnel, il faut rappeler que dans le passé, les Comores n'avaient connu qu'un seul ordre de juridiction chargé de connaître tous les contentieux, y compris celui qui opposa l'administration ; ce fut le principe du monisme juridictionnel (section 1). En revanche, depuis la Constitution de 2001, il est consacré, au côté de la juridiction de l'ordre judiciaire, une juridiction de l'ordre administratif ; il s'agit du principe du dualisme juridictionnel (section 2).

SECTION 1 – Le principe du monisme juridictionnel : de 1977 à 2001

L'organisation judiciaire aux Comores était, pendant plusieurs années, composée uniquement des juridictions de l'ordre judiciaire. D'une autre manière, seule la juridiction judiciaire exerçait les fonctions juridictionnelles et statuait sur tous les contentieux et litiges, y compris lorsque le conflit opposa l'administration ; un seul juge était compétent pour connaître tous les contentieux.

La consécration de ce principe découlait des Constitutions antérieures ($1). Elle a été renforcée par le législateur ($2).

§ 1 – La consécration constitutionnelle du principe du monisme juridictionnel

Les constitutions d'avant 2001 n'ont consacré que la juridiction de l'ordre judiciaire. Aucune mention de la juridiction administrative n'y apparaissait. Par voie de conséquence, seule la juridiction de l'ordre judiciaire connaissait tous les contentieux.

I/ La Constitution du 23 avril 1977

La toute première Constitution des Comores n'avait aucunement fait mention de l'existence d'une juridiction de l'ordre administratif. Il faut comprendre qu'à l'époque, le pays venait d'acquérir son indépendance. Il se peut que les marques de la colonisation ne fussent pas encore disparues. En effet, l'absence de la consécration d'un ordre juridictionnel administratif peut s'expliquer sur le fait que la France n'avait mentionné que la juridiction de l'ordre judiciaire dans la Constitution de 1958[2]. Et aucune mention de la juridiction administrative n'apparaissait dans ladite Constitution[3].

---

2 Le constituant a consacré seulement l'existence d'une juridiction de l'ordre judiciaire. En effet, dans la Constitution française de 1958, seule 'l'autorité judiciaire' est prévue dans le titre 8. Ce dernier porte le titre « de l'autorité judiciaire ».

3 D'ailleurs, pour pallier ce vide, le Conseil constitutionnel français avait considéré « qu'il résulte des dispositions de l'article 64 de la Constitution en ce qui concerne l'autorité judiciaire et des principes fondamentaux reconnus par les lois de la République en ce qui concerne, depuis la loi du 24 mai 1872, la juridiction administrative, que l'indépendance des juridictions est garantie ainsi que le caractère spécifique de leurs fonctions

On peut supposer que la Constitution française de 1958 ait pu influencer le constituant comorien. De ce fait, la République comorienne n'a, dans les mêmes veines, consacré qu'un seul ordre de juridiction dans la Constitution de 1977 ; il s'agit de la juridiction de l'ordre judiciaire[4].

II/ Les Constitutions de 1978 et de 1996

Si l'on doit définir le monisme juridictionnel comme « le système [...] dans lequel un seul ordre de juridiction est compétent pour connaître de tous les litiges [...] »[5], on peut donc affirmer que les Constitutions de 1978 et 1996 avaient aussi adopté ce système. Il est vrai que dans la Constitution du 1er octobre 1978, les articles 42 et 43 parlaient de la justice sans aucune précision. Il est également clair qu'il s'agissait de la consécration d'un monisme juridictionnel. Ceci s'explique par le fait que l'alinéa 1er de l'article 43 de la Constitution de 1978 précisait que « l'organisation, les compétences et le fonctionnement des juridictions sont fixés par une loi fédérale [...] ». Or, la loi du 23 septembre 1987, fixant l'organisation judiciaire de la République Fédérale Islamique des Comores ainsi que les principes fondamentaux applicables aux litiges de droit privé n'avait mentionné, en aucun moment dans ses lignes,

---

sur lesquelles ne peuvent empiéter ne le législateur ni le gouvernement » : v- Cons. const., DC n° 80-119 du 22 juillet 1980, *loi portant validation d'actes administratifs*.

4 Selon l'article 38 de la Constitution du 23 avril 1977 « l'organisation judiciaire comprend un tribunal de première instance dans chaque moudiria. Un tribunal d'appel dans chaque bavou et une Cour suprême nationale ».

5 Roland DRAGO – « Actualité du principe de séparation en France et dans les Etats de la CEE » - AJDA, 1990, p. 581.

l'existence d'une juridiction de l'ordre administratif. Autrement dit, seul un système juridictionnel moniste a été mis en place.

Il en va de même pour la Constitution du 20 octobre 1996 qui avait consacré le principe du monisme juridictionnel. Le titre IV, intitulé « du pouvoir judiciaire », ne concerne que la juridiction de l'ordre judiciaire. D'autant plus que son article 48 alinéa 2 disposait que « le pouvoir judiciaire, gardien de la liberté individuelle, assure le respect de ces principes ». Selon cette disposition, le respect de la liberté individuelle est assuré par le juge judiciaire – protecteur de cette liberté. La mention 'du pouvoir judiciaire' renvoie à l'idée que seule l'autorité de l'ordre judiciaire est chargée, par cette Constitution de 1996, de statuer sur tous les contentieux, y compris celui qui mettait en cause l'administration.

NB

L'argument selon lequel, le chapitre intitulé 'du pouvoir judiciaire' renvoie à l'autorité judiciaire réside dans le fait que le constituant n'a pas consacré une section administrative au sein de la Cour suprême.

L'absence de cette section fait primer l'idée de la non-consécration d'une juridiction de l'ordre administratif.

§ 2 – La loi et le principe du monisme juridictionnel

Le législateur comorien, en application des Constitutions antérieures à celle du 23 décembre 2001, avait aussi confirmé et renforcé ce principe du monisme juridictionnel. Et pourtant, il aurait pu donner une interprétation large desdites Constitutions pour consacrer l'existence d'une juridiction de l'ordre administratif. Sur ce point, la question mérite d'être posée. En effet, rien ne l'aurait empêché de le faire, cependant cela n'a pas été fait. Cela voudrait dire que les Constitutions datant avant

2001 ne faisaient pas obstacle à ce que le législateur puisse élargir la notion du « pouvoir judiciaire ». Il aurait pu, en effet, prévoir le mécanisme du dualisme juridictionnel par extension en indiquant que l'expression « pouvoir judiciaire » inclut aussi les juridictions de l'ordre administratif.

En France, par exemple, la Constitution de 1958 n'avait pas cité l'existence d'une juridiction administrative. Or, le Conseil constitutionnel, en se référant sur une loi datant du 24 mai 1872 [6] , a consacré l'indépendance de la juridiction administrative comme découlant d'un principe fondamental reconnu par les lois de la République. Selon ses termes, « l'article 64 de la Constitution en ce qui concerne l'autorité judiciaire et des principes fondamentaux reconnus par les lois de la République, depuis la loi du 24 mai 1872, la juridiction administrative, que l'indépendance des juridictions est garantie » [7] . Ici, le but n'est pas de confondre le Conseil constitutionnel français et le législateur comorien néanmoins, ce dernier aurait pu suivre ce modèle, lequel aurait pu désengorger davantage les tribunaux de l'ordre judiciaire.

Par-delà cette comparaison, la loi a retenu le principe du monisme juridictionnel. Les lois portant sur l'organisation judiciaire aux Comores n'avaient pas consacré l'existence d'un ordre juridictionnel administratif. Seules les juridictions de l'ordre judiciaire étaient compétentes pour statuer sur tous les litiges, y compris ceux qui opposaient l'administration. La loi du

---

6 Loi portant réorganisation du Conseil d'Etat, en date du 24 mai 1872. A son article 9, « Le Conseil d'Etat statue souverainement sur les recours en matière contentieuse administrative, et sur les demandes d'annulation pour excès de pouvoir formées contre les actes des diverses autorités administratives ».

7 Cons. const., DC n° 80 – 119 du 22 juillet 1980, *loi portant validation d'actes administratifs*.

23 septembre 1987, dans son titre premier, parlait de l''organisation judiciaire'. Et aucune juridiction de l'ordre administratif n'y figurait [8] . Cela supposait donc que les juridictions relevant de l'ordre judiciaire disposaient de la compétence de connaître le contentieux de l'administration. L'article 4 de cette loi précisait même que « les juridictions sont, au cours des instances dont elles sont saisies, compétentes pour interpréter et apprécier la légalité des décisions des diverses autorités administratives ».

> *NB*
>
> *Cette loi de 1987 a parlé, dans son article 3, de l'existence des 'organismes administratifs à caractère juridictionnel'. Mais il ne s'agit pas là d'une juridiction administrative au sens général du terme, mais des organismes publics qui peuvent statuer au titre d'une juridiction. C'est le cas des organismes administratifs qui siègent en conseil de discipline et qui peuvent rendre des décisions disciplinaires revêtant le caractère d'une décision juridictionnelle. En revanche, dès lors que les juridictions consacrées à l'article 1er n'ont inclus aucune juridiction de l'ordre administratif, l'idée retenue est celui du principe du monisme juridictionnel.*

La période, allant de 1977 à 2001 était une période d'un système juridictionnel moniste. Seule la juridiction de l'ordre judiciaire statuait sur tous les contentieux, et même y compris ceux qui opposaient l'administration.

---

8 Selon l'article 1 de la loi n° 87 – 021/ AF du 23 septembre 1987, fixant l'organisation judiciaire de la République Fédérale Islamique des Comores ainsi que les principes fondamentaux applicables aux litiges de droit privé, « l'organisation judiciaire de la République Fédérale Islamique des Comores comprend, outre la Cour suprême, une Cour supérieur, une Cour d'appel, une Cour d'assise, des tribunaux de première instance, des justices de paix et des tribunaux du travail ».

SECTION 2 – Le principe du dualisme juridictionnel depuis la Constitution du 23 décembre 2001 de l'Union des Comores

La consécration du principe du dualisme juridictionnel signifie qu'il existe deux ordres de juridiction ; d'un côté, une juridiction pour le contentieux opposant les personnes privées et de l'autre côté, une autre juridiction pour le contentieux administratif. Chacune de ces deux juridictions dispose en principe des compétences propres et des règles propres. En effet, le fait d'avoir instauré les deux ordres de juridiction au sein du système juridictionnel de l'Union implique l'existence d'un dualisme juridictionnel faisant obstacle à l'intervention d'une juridiction sur le contentieux relevant de la compétence d'une autre juridiction. Il est ainsi interdit à la juridiction de l'ordre judiciaire de statuer sur le contentieux administratif. Sur ce point, la Cour suprême de l'Union a rappelé ce principe. Selon elle, « attendu que, relevant de manière souveraine qu'une expropriation pour cause d'utilité avait été prononcée par arrêté du Gouverneur de Moili pour déposséder S.D.A.F d'une parcelle sur laquelle elle se serait obstinée à ériger des fondations, la Cour d'appel de Moili, en infirmant le jugement du 07 avril 2015 qui déclarait ONICOR propriétaire d'un lot de 20 A 44 CA, a respecté les règles fixées par le décret du 6 janvier 1935 portant règlementation de l'expropriation pour cause d'utilité publique interdisant au juge judiciaire de connaitre d'une contestation relative à l'arrêté pris par une autorité administrative »[9]. Cette autorité, dont il s'agit, est une autorité

---

[9] Cour. sup., section judiciaire, ch. civ, 26 mai 2017, *ONICOR*.

administrative agissant à l'aide des prérogatives de puissance publique en vue d'accomplir une mission d'intérêt général.

Par ailleurs, la consécration du principe du dualisme juridictionnel, en Union des Comores, est toujours ineffective. Certes, la loi portant organisation et fonctionnement des tribunaux administratifs a été adoptée le 29 juin 2021, en revanche, elle n'est pas encore promulguée. À l'heure actuelle, aucun jugement n'a été rendu par un tribunal administratif de l'Union. De plus, il n'existe pas des Cours administratives d'appel, mais plutôt une ou des chambres administratives au sein desdites Cours. Seule la section administrative de la Cour suprême fonctionne de manière quasi effective. Dès lors, il est donc important que le législateur de l'Union intervienne pour que la consécration de ce dualisme juridictionnel soit effective. Il serait temps, également, d'adopter un seul code spécial de procédure administrative à l'intérieur duquel seront présentés l'organisation et le fonctionnement de l'ensemble des juridictions de l'ordre administratif. Cela pourrait, sans doute, éviter les confusions et les interprétations infondées. Car l'on se rappelle l'ordonnance de référé, prise par le juge des référés de Moroni, n° 200/16, du 19 octobre 2016 et qui a été rendue sur la base d'un code de justice administrative française dans une affaire qui opposait la société S.A. SARL à la Direction régionale des impôts de Ngazidja. Au nom de quel fondement, un juge de l'Union des Comores appliquerait-il une disposition issue d'un autre pays dans une affaire qui opposa une société comorienne à une autorité administrative comorienne ? C'est pour cette raison que la Cour suprême de l'Union des Comores a dû annuler sans renvoi cette ordonnance prise par le juge des référés de Moroni. Pour le juge suprême, « considérant en effet, que l'ordonnance prise par le juge des référés en se référant à une disposition empruntée à un code de justice administrative non applicable aux Comores, au détriment des prescriptions de cet article L.131 du code général des impôts qui exclue tout recours au référé administratif avant toute réclamation gracieuse, a violé l'article susvisé »[10].

En outre, jusqu'à la loi du 12 décembre 2020, les attributions des tribunaux administratifs avaient été confiées aux tribunaux de première instance, en attendant la création des tribunaux administratifs. Cette situation allait à l'encontre du principe même du dualisme juridictionnel. Sinon et comme l'a bien expliqué le professeur TRUCHET, « le dualisme juridictionnel peut devenir un obstacle à l'existence du droit administratif. (...) Si les mêmes règles sont appliquées par les deux juges, à quoi bon des règles spéciales pour l'administration ? »[11]. D'où l'intérêt de consacrer de véritables règles propres applicables uniquement au contentieux administratif. De ce fait, il faut mettre en place de véritables juridictions administratives. Autrement dit, en plus des tribunaux administratifs, il faut créer aussi de véritables Cours administratives d'appel tout en précisant leur organisation et leur mode de fonctionnement.

Il est donc clair que le législateur doit revoir les textes afin d'instaurer un véritable dualisme juridictionnel. L'adoption, à titre d'exemple, d'un code spécial de droit administratif ou d'un code de procédure administrative serait un atout pour le renforcement de ce système juridictionnel dualiste et l'occasion de faire parler cette matière, qu'est le contentieux administratif en droit de l'Union des Comores.

---

[10] Cour. sup., section administrative, ch. adm, 23 mars 2017, *Direction régionales des Impôts de Ngazidja.*

[11] Didier TRUCHET – « Plaidoyer pour une cause perdue : la fin du dualisme juridictionnel » - AJDA, 2005, p.1767.

Par-delà ce constat, depuis la Constitution du 23 décembre 2001, le principe du dualisme juridictionnel est consacré ($1) et puis renforcé relativement ($2).

§ 1 – La consécration du principe du dualisme juridictionnel en Union des Comores

I/ Par la Constitution du 23 décembre 2001

Parmi les nouveautés de la Constitution de 2001, figure le principe du dualisme juridique. La reconnaissance d'une section administrative au sein de la Cour suprême manifeste la consécration dudit principe. Cela signifie qu'une juridiction administrative est consacrée en vue de statuer spécialement sur le contentieux mettant en cause les autorités administratives. Autrement dit, l'apparition dans la Constitution d'une section administrative au sein de la Cour suprême constitue une consécration constitutionnelle du principe du dualisme juridictionnel.

En effet, l'ancien article 29 de la Constitution du 23 décembre 2001 [aujourd'hui révisé] précisait que « la Cour suprême est la plus haute juridiction de l'Union en matière judiciaire, administrative et des comptes de l'Union et des îles ». Il y a là une distinction entre l'ordre judiciaire et la juridiction de l'ordre administratif. En réalité, cela signifie que le contentieux administratif relève de l'ordre juridictionnel administratif, et le contentieux opposant les personnes privées relève de la juridiction de l'ordre judiciaire. Ainsi, le fait qu'une section administrative soit consacrée par la Constitution de 2001 montre que la juridiction administrative demeure souveraine, indépendante et distincte surtout des juridictions de l'ordre judiciaire. À ce propos d'ailleurs, l'ancienne Cour constitutionnelle a, à plusieurs reprises, évoqué cette compétence de la juridiction administrative. Dans l'arrêt '*Commune de Pimba*' [12] de 2017, l'ancienne Cour constitutionnelle a considéré qu'elle était incompétente pour statuer sur le recours dirigé contre le Préfet de Sud-est pour ingérence et obstruction abusive des affaires internes de la Commune de *Pimba*, abus de pouvoir et mépris de la loi. Selon elle, cette compétence, pour connaître ce contentieux, relève de la juridiction de l'ordre administratif.

La consécration d'un ordre juridictionnel administratif signifie que le contentieux administratif relève de la compétence de cet ordre. Et que ni la juridiction de l'ordre judiciaire[13], ni d'ailleurs le juge constitutionnel [14] ne sont, en principe, compétents pour connaitre le contentieux mettant en cause l'administration agissant en qualité d'autorité administrative. De ce fait, il est interdit au juge de l'ordre judiciaire de statuer sur le contentieux mettant en cause l'administration ayant agi en tant qu'autorité administrative. Il en va de même pour les autres juridictions supplémentaires (juge constitutionnel et électoral) qui ne disposent pas, en principe, de compétence pour connaître le contentieux administratif. À ce propos, l'ancienne

---

12 Cour. const., n° 17-003/CC du 20 février 2017, *Commune de Pimba*.

13 La Cour suprême a considéré « qu'un contrat signé entre un maire et la société ADC pour des travaux d'électrification d'un village, est un contrat de droit public obéissant aux règles du droit public (...). Que les juridictions civiles ne sont pas compétentes » : v- Cour. sup., section judiciaire, ch. civ, 28 juin 2018, *Communauté villageoise de Nioumadzaha Mvoumbar*i.

14 Pour l'ancienne Cour constitutionnelle, concernant les décrets du président de l'Union des Comores qui sont des actes administratifs, ces « décrets pris par le Président de l'Union n'entre pas dans la catégorie des actes pour lesquels la Constitution et la loi organique ont donné compétence à la Cour pour connaitre » : Cour. const., n°05-008/ CC du 28 février 2005, *Président du groupe parlementaire 'Dudja Dzima'*.

Cour constitutionnelle avait, à plusieurs reprises[15], déclaré irrecevables certains recours dirigés contre certains actes administratifs au motif que ces derniers ne relèvent pas de sa compétence. Rappelons que la volonté de l'ancienne Cour constitutionnelle consistait à manifester le respect de ce principe du dualisme juridictionnel. Par exemple, elle avait refusé de contrôler une décision de délibération prise par un conseil communal, car, pour elle, elle « n'est pas compétente pour connaître de la matière »[16] au motif que celle-ci relève de la compétence des juridictions administratives en vertu de l'article 24 de la loi n° 11-005/AU du 07 avril 2011[17] portant 'décentralisation en Union des Comores'. Dans un autre arrêt rendu en 2007, l'ancienne Cour constitutionnelle avait aussi refusé de contrôler un acte administratif, en l'espèce, un décret portant dissolution du Conseil municipal de *Ntsaoueni*, au motif que ce dernier doit faire l'objet « d'un recours en annulation d'un acte administratif. Il y a donc lieu de déclarer la Cour constitutionnelle incompétente »[18]. Le fait que la

[15] Par exemple, l'ancienne Cour constitutionnelle avait déclaré irrecevable la requête qui avait été dirigé contre un décret, en ce sens que « ce décret ne relève pas du domaine de la compétence assignée à la Cour constitutionnelle (...). En l'espèce, il s'agissait d'un recours dirigé contre un décret du président de l'Union portant nomination de Monsieur Said Salim en qualité de directeur général de l'Agence Nationale des affaires maritimes : v- Cour. const., n° 16-028/CC du 13 oct., 2016, *Directeur général de l'Agence Nationale des affaires maritimes.*

[16] Cour. const., n° 17-003/CC du 20 février 2017, *Commune de Pimba.*

[17] Selon l'alinéa 4 de cet article, « la juridiction administrative est compétente pour connaître en premier ressort des recours pour excès de pouvoir introduits contre les délibérations des Conseils n'ayant pas un caractère réglementaire et la chambre administrative de la Cour d'appel est compétente en 2e ressort ».

[18] Cour. const., n° 07-001/ CC du 16 janvier 2007, *député Youssouf Said Soilihi.*

Constitution consacre ce dualisme juridictionnel, son respect s'impose, d'emblée, aux autorités législatives et juridictionnelles.

II/ Le principe du dualisme juridictionnel et le législateur

En application des anciens articles 28 et 29 de la Constitution de 2001, deux lois organiques ont vu le jour en 2005. L'une[19] portant « organisation judiciaire dans l'Union des Comores et dans les îles », l'autre[20] portant sur « la Cour suprême »[21]. Aujourd'hui, ces deux lois ont été abrogées[22].

Ces deux textes ont réaffirmé le principe du dualisme juridictionnel. D'abord, cette réaffirmation s'illustre par la création des tribunaux administratifs au côté des tribunaux de l'ordre judiciaire. L'article 1er de la loi organique n° 05-16/AU du 20 décembre 2005, aujourd'hui abrogée, dispose que « sur le territoire de l'Union des Comores, la justice est rendue par (...) des tribunaux administratifs (...) ». Théoriquement, cela signifie que les tribunaux administratifs demeurent les juridictions de droit commun qui statuent en premier ressort sur le contentieux touchant l'administration agissant en qualité d'autorité administrative. Théoriquement encore, cela voudrait dire que les tribunaux de première instance relevant de l'ordre judiciaire ne peuvent pas connaitre le contentieux administratif. La

---

19 Loi n° 05-016/AU du 20 décembre 2005, relative à l'organisation judiciaire dans l'Union et dans les îles.

20 Loi n° 05-12/AU du 27 juin 2005 relative à la Cour suprême.

21 Cette loi organique de 2005 relative à la Cour suprême est abrogée par l'ordonnance n°19-003/ PR du 19 octobre 2019.

22 D'abord, l'ordonnance n° 19-003/ PR abrogeant et remplaçant la loi organique n° 05-012/AU du 27 juin 2005, relative à la Cour suprême. Ensuite, la loi du 12 décembre 2020, portant organisation judiciaire en Union des Comores, abrogeant la loi organique n°05-016/AU du 20 décembre 2005, relative à l'organisation judiciaire en Union des Comores et dans les îles.

contestation de la légalité d'une décision administrative doit se faire en premier lieu, sauf exception, devant les tribunaux administratifs. Par exemple, en matière du contentieux de l'impôt, « les réclamations relatives aux impôts, taxes et pénalités établies par la direction générale des impôts relèvent de la juridiction contentieuse » selon l'article L.130 du livre des procédures fiscales [23]. Il s'agit des juridictions de l'ordre administratif. Et selon l'article L.134 dudit livre, « lorsque la décision du directeur des impôts ne donne pas entière satisfaction au réclamant, celui-ci peut, dans le délai de deux mois à partir du jour où il a reçu notification de la décision, porter le litige devant le tribunal administratif ».

Ensuite, la loi organique n° 05-12/AU du 27 juin 2005 relative à la Cour suprême, aujourd'hui abrogée, à son article 1er, précise que « la Cour suprême se compose de trois sections et de trois sous-sections : une section judiciaire, une section administrative, une section des comptes ». La section administrative de la Cour suprême, comme le précise l'article 132 de ladite loi, « est le juge de cassation de droit commun de toutes les décisions rendues en dernier ressort par les Cours administratives d'appel de l'Union (...) ».

Ces lois ont réaffirmé donc le système juridictionnel dualiste en Union des Comores, c'est-à-dire, d'un côté, la juridiction de l'ordre judiciaire et, de l'autre côté, la juridiction de l'ordre administratif.

---

[23] Ce livre issu de la loi n° 11-07 du 3 mai 2011 portant code général des impôts.

NB

Le fait que plusieurs sections soient consacrées au sein de la Cour suprême ne remet pas en cause l'idée du dualisme juridictionnel. Aujourd'hui, on retrouve plusieurs sections au sein de ladite Cour, en revanche, les autres sections [constitutionnelles et électorales] constituent des juridictions supplémentaires.

Ceci s'explique par le fait que ces sections [constitutionnelle et électorale] n'ont pas des juridictions inférieures. Autrement dit, elles ne statuent pas sur les décisions rendues par des juridictions inférieures. Il n'existe pas, par exemple, des tribunaux constitutionnels, électoraux ou des Cours constitutionnelles et électorales d'appel.

Pour cette raison, l'idée retenue est la consécration d'un système juridictionnel dualiste malgré la présence de ces autres juridictions supplémentaires.

§ 2 – Le renforcement du principe du dualisme juridictionnel en Union des Comores

Rappelons que le dualisme juridique représente le système dans lequel on retrouve deux ordres de juridiction distincte et engendrant des compétences juridictionnelles propres à chacun de ces deux ordres. Autrement dit, d'un côté, une juridiction de l'ordre judiciaire pour connaître le contentieux des personnes privées et de l'autre côté, un ordre juridictionnel administratif pour connaître le contentieux administratif.

En droit positif de l'Union des Comores, ce principe du dualisme juridictionnel est renforcé par la révision constitutionnelle du 30 juillet 2018, par l'ordonnance de 2019 abrogeant et remplaçant la loi de 2005 relative à la Cour suprême et la loi du 12 décembre 2020, n° 20-020, portant organisation judiciaire en Union des Comores, abrogeant la loi organique n° 05-016/AU du 20 décembre 2005, relative à l'organisation judiciaire en Union des Comores et dans les îles et enfin par la loi du 29 juin 2021, pas encore promulguée, portant organisation et fonctionnement des tribunaux administratifs. L'ensemble de ces textes renforcent le principe du dualisme juridictionnel. Ils ont apporté des nouveautés, bien que quelques imprécisions y apparaissent.

I/ La révision de la Constitution de 2001 par le référendum du 30 juillet 2018

Depuis la dernière révision de la Constitution, l'organisation juridictionnelle en Union des Comores connaît de manière renforcée un système juridictionnel dualiste. D'un côté, un juge des personnes privées, et de l'autre côté, un juge des personnes publiques agissant en leur qualité d'autorités administratives.

Ce système, mis en place depuis 2001, vient d'être renforcé par la révision de la Constitution en date du 30 juillet 2018, en ce sens que ladite révision fait réapparaître, non seulement l'ordre de juridiction administrative, mais dans la même veine, elle précise la hiérarchisation des juridictions [Cour suprême, Cours et Tribunaux] et contrairement aux anciennes versions de la Constitution. L'apparition des ' Cours et tribunaux' dans la Constitution nouvellement révisée et surtout l'emploi du pluriel [c'est-à-dire la mention 'Cours et Tribunaux' au pluriel], constitue un renforcement du principe du dualisme juridictionnel. Cela montre en effet que dans chaque ordre de juridiction, il doit y avoir à la fois des juges des juridictions du fond et des juges des juridictions suprêmes du droit. Deux dispositions l'expliquent bien. D'abord, l'alinéa 1er de l'article 94 de la Constitution de 2001, nouvellement révisée, dispose que « le pouvoir judiciaire est indépendant, du pouvoir législatif et du pouvoir exécutif. Il s'exerce par la Cour suprême et les autres Cours et tribunaux ». Ensuite, l'alinéa 1er de l'article 96 de ladite Constitution précise que « la Cour suprême est la plus haute juridiction de l'Union en matière judiciaire, administrative, constitutionnelle, électorale et des comptes ».

II/ L'ordonnance n° 19-003/PR, abrogeant et remplaçant la Loi organique n° 05-012/AU du 27 juin 2005 relative à la Cour suprême et la loi, n° 20-020/AU, du 12 décembre 2020 portant organisation judiciaire en Union des Comores, abrogeant la loi n° 05-016/ AU du 20 décembre 2005 portant organisation judiciaire en Union des Comores et dans les îles

L'ordonnance de 2019 relative à la Cour suprême réaffirme la consécration d'une juridiction de l'ordre administratif. Elle mentionne, pour la première fois, l'ensemble des juridictions composant l'ordre juridictionnel administratif. Dans l'article 126 de cette ordonnance de 2019, abrogeant et remplaçant celui de l'article 132 de la loi du 27 juin 2005[24], il est écrit que « la section administrative est le juge de cassation de droit commun de toutes les décisions en dernier ressort par les tribunaux administratifs sous les Cours administratives d'appel de l'Union ». Cette disposition présente de manière hiérarchique l'organisation juridictionnelle de l'ordre administratif. D'abord, des tribunaux administratifs, ensuite des Cours administratives d'appel et enfin la section administrative de la Cour suprême. L'on assiste alors à une véritable consécration textuelle du principe du dualisme juridictionnel. Il reste cependant que sur la pratique, le législateur doit agir afin de rendre effective cette consécration du dualisme juridictionnel, notamment par la mise en place des véritables Cours administratives d'appel ; sur ce point, le fait de confier à une chambre administrative au sein de la Cour d'appel peut être vu comme un obstacle à la consécration effective du principe du dualisme juridictionnel.

---

[24] Selon cet ancien article, « la section administrative est le juge de cassation de droit commun de toutes les décisions rendues en dernier ressort par les Cours administratives d'appel de l'Union (…) ».

La loi, n° 20-020/AU, du 12 décembre 2020 relative à l'organisation judiciaire en Union des Comores, non seulement consacre l'existence d'un tribunal administratif, mais aussi précise ses compétences. Elle consacre une nouveauté par rapport à l'ancienne loi de 2005 portant organisation judiciaire dans l'Union et dans les îles. En effet, celle-ci ne précisait que la consécration des tribunaux administratifs sans mentionner ses compétences. Cette loi de 2005 indiquait d'ailleurs, à son article 33, qu'« en attendant l'institution des tribunaux (...) administratifs, le tribunal de première instance connaît de tout contentieux administratif (...) ».

Toutefois, il apparaît dans ces deux textes – l'ordonnance de 2019 et la loi de 2020-, quelques imprécisions, voire contradictions. D'abord, l'ordonnance de 2019 parle des Cours administratives d'appel pendant que la loi de 2020 parle d'une ou des chambres administratives au sein des Cours d'appel. L'on sait pertinemment qu'une Cour administrative d'appel n'a rien à voir avec une chambre administrative au sein d'une Cour d'appel. Il est évident qu'en précisant « Cours administratives d'appel », l'ordonnance de 2019 renvoie à la création des véritables juges administratifs d'appel qui ne vont pas dépendre des Cours d'appel.

Ensuite, cette loi de 2020 relative à l'organisation judiciaire reste critiquable sur le fond. Certains points sont à revoir, notamment celui du tiret 8 de l'article 98 selon lequel « le tribunal administratif connaît en premier ressort (...) des litiges relevés à l'occasion de contrats conclus sous le régime de droit privé (...) ». Il y a là une atteinte véritable au principe du dualisme juridictionnel puisque le législateur confie le contentieux des contrats privés au juge administratif. À quoi bon à instaurer, d'un côté, un mécanisme de dualisme juridictionnel si de l'autre côté, l'on ne distingue pas les contrats publics des contrats privés. À ce propos d'ailleurs, la Cour suprême de l'Union avait distingué les contrats publics des contrats privés en considérant que « l'administration peut signer des contrats de droit privé qui se différencient du contrat administratif par l'absence d'une qualification de contrat administratif, par un texte législatif ou règlementaire, ou cumulativement lorsque l'administration ne dispose pas pour accompagner ce contrat, de clauses exorbitantes du droit commun et ne visent pas l'exécution d'un service public »[25]. Doit-on rappeler que le dualisme juridictionnel interdit au juge judiciaire de connaître le contentieux administratif, comme l'a précisé la Cour suprême de l'Union ? Pour reprendre ses termes, « attendu que, relevant de manière souveraine qu'une expropriation pour cause d'utilité avait été prononcée par arrêté du Gouverneur de Moili pour déposséder SDAF d'une parcelle sur laquelle elle se serait obstinée à ériger des fondations, la Cour d'appel de Moili, en infirmant le jugement du 7 avril 2015 qui déclarait ONICOR propriétaire d'un lot de 20 A 44 CA, a respecté les règles fixées par le décret du 6 janvier 1935 portant règlementation de l'expropriation pour cause d'utilité publique interdisant au juge judiciaire de connaitre d'une contestation relative à l'arrêté pris par une autorité administrative »[26].

Par voie de conséquence, il serait cohérent que le législateur modifie cette disposition en vue de respecter le principe du dualisme juridictionnel. Ce disant, déposséder la compétence du tribunal administratif, en matière des contrats conclus sous le régime de droit privé, au profit des tribunaux de l'ordre judiciaire, serait essentiel en vue de respecter le principe du

[25] Cour. sup., Section judiciaire, ch. civ, 29 aout 2019, *Succession du Feu Charif.*

[26] Cour. sup., Section judiciaire, ch. civ, 26 mai 2017, *ONICOR.*

dualisme juridictionnel. Car, dire que le tribunal administratif peut connaître le contentieux des contrats de droit privé revient à lui octroyer le pouvoir de statuer sur les conflits opposant deux personnes privées.

III/ La loi, en attente de sa promulgation, du 29 juin 2021 portant organisation et fonctionnement des tribunaux administratifs

La loi du 29 juin 2021 portant organisation et fonctionnement des tribunaux administratifs a apporté, pour la première fois, des précisions et clartés d'abord sur l'organisation des tribunaux administratifs et, ensuite, sur la manière dont ils vont fonctionner. Rappelons que cette loi, adoptée en séance plénière, n'est pas encore promulguée.

Au-delà de leurs compétences (art.14 à 28 de ladite loi), de leurs compositions (art. 6 à 13), la loi du 29 juin 2021 a consacré aussi la procédure administrative des référés. Cette procédure qui permet, en cas d'urgence, d'écarter rapidement une décision administrative dans le but de sauvegarder une liberté fondamentale.

De même, cette loi distingue le cas de la simple urgence et le cas d'une extrême urgence. Selon l'article 102 de ladite loi, « dans les cas d'extrême urgence, le président du Tribunal saisi par requête peut rendre une ordonnance sans qu'il y ait lieu de solliciter les observations du défendeur lorsque les circonstances exigent que des mesures conservatoires ou d'instruction ne soient pas prises contradictoirement ».

CHAPITRE 2.

La compétence de la juridiction administrative de l'Union des Comores

L'essentiel

Après la consécration du principe du dualisme juridictionnel, chaque ordre de juridiction dispose des compétences propres. Ainsi, la juridiction de l'ordre administratif dispose des compétences propres et distinctes de celles dont dispose son homologue, le juge de l'ordre judiciaire. De ce fait, la juridiction administrative est compétente en principe pour connaître le contentieux des personnes publiques agissant en tant qu'autorités administratives. D'une manière générale, la juridiction administrative est juge de la légalité des décisions administratives.

La juridiction administrative, en Union des Comores, demeure l'organe chargé de contrôler la légalité des actes administratifs au regard du droit. Dès lors, elle est compétente pour connaître le contentieux administratif (section 1). Et cette compétence demeure protégée (section 2).

SECTION 1 – Les juridictions de l'ordre administratif et le contentieux administratif

Le contentieux administratif relève de la compétence des juridictions de l'ordre administratif. D'une manière générale, le juge administratif est ainsi chargé de vérifier la conformité ou la compatibilité des décisions administratives au regard de la règle de droit. En effet, la décision administrative doit être au minimum compatible avec la règle de droit.

Rappelons que la compatibilité et la conformité n'ont pas le même sens. La compatibilité exige que l'administration édicte simplement des actes ou des décisions qui ne méconnaîtront pas la règle de droit. Précisément, elle « ne peut édicter d'actes ou adopter des comportements qui seraient contraires à la loi » au sens large. Alors que pour ce qui est de la conformité, « l'administration [est interdite] d'agir si elle n'en a pas reçu l'habilitation, l'autorisation de la loi »[1].

Ainsi, le contrôle de la légalité des actes administratifs appartient au juge administratif ($2). Par ailleurs, c'est la loi qui détermine et précise les compétences des juridictions de l'ordre administratif ($2).

§ 1 – Une juridiction de l'ordre administratif chargée de contrôler la légalité des décisions administratives

Le droit positif de l'Union des Comores a instauré une juridiction autonome chargée spécialement de contrôler l'action administrative. Elle applique un droit spécial différent de celui qui est appliqué aux personnes privées. D'ailleurs, le législateur a pris le soin de le préciser dans sa loi du 29 juin 2021 portant organisation et fonctionnement des tribunaux administratifs, en attente d'une promulgation par le président. L'article 4 de cette loi a parlé des spécificités des fonctions des magistrats de l'ordre administratif, en l'occurrence des tribunaux administratifs.

La juridiction administrative est donc une juridiction spéciale de l'administration. Un acte qui n'émane pas en

---

1 Serge VELLEY – *Droit administratif*, VUIBERT, 11e éd., 2014, p.187.

principe de l'administration – autorité administrative -, ne peut relever de la compétence de l'ordre juridictionnel administratif. Cependant, certains de ses actes peuvent ne pas être soumis au contrôle du juge administratif, car ils sont confiés à d'autres organes juridictionnels.

I/ L'ordre juridictionnel administratif et l'action administrative

Initialement, ce sont les lois organiques de 2005, l'une qui date du 20 décembre 2005 et qui portent sur l'organisation judiciaire en Union des Comores, l'autre qui date du 27 juin 2005 relative à la Cour suprême, qui ont précisé la compétence de la juridiction administrative, laquelle est chargée de contrôle l'action administrative. Autrement dit, le contentieux administratif relève de la compétence de cette juridiction de l'ordre administratif. Ce contentieux est différent de celui qui oppose les personnes privées entre elles. Rappelons que ces deux lois de 2005 sont aujourd'hui abrogées[2].

Dès lors, le juge de la légalité de l'action administrative est, en principe, le juge administratif. Ce disant, tout acte édicté à l'aide des prérogatives de puissance publique, relève de la compétence du juge administratif. Le droit positif de l'Union des Comores illustre bien cette situation. En effet, la loi confère à la juridiction administrative de l'Union la compétence de connaître les actes destinés à l'accomplissement d'une mission d'intérêt général. Cela indique que l'action administrative est celle qui se tourne vers l'accomplissement d'une mission

---

2 La loi du 20 décembre 2005 est abrogée par la loi n° 20-020 du 12 décembre 2020. La loi du 27 juin 2005 est abrogée par l'ordonnance n° 19-003 du 19 octobre 2019.

d'intérêt général. De ce fait, il appartient à la juridiction administrative de contrôler sa légalité.

C'est le cas de la loi, n° 20-020, du 12 décembre 2020 portant organisation judiciaire en Union des Comores et qui abroge celle de la loi du 20 décembre 2005. Par ailleurs, à la différence de la loi du 20 décembre 2005 qui prévoyait qu'« en attendant l'institution des tribunaux (...) administratifs (...), le tribunal de première instance connaît de tout contentieux administratif »[3], la loi du 12 décembre 2020 précise les matières dans lesquelles la juridiction administrative intervient en premier ressort. Et ces matières sont liées à une finalité d'intérêt général. Ce disant, relève en premier ressort de la compétence des tribunaux administratifs, le contrôle de la légalité de tous les actes en rapport avec l'intérêt général[4].

Il en va de même pour l'ordonnance, n° 19-003 relative à la Cour suprême du 19 octobre 2019 qui montre également que tous les actes des autorités administratives en rapport avec l'intérêt général relèvent de la compétence de la Cour suprême statuant en matière administrative. Ces actes sont ceux qui sont édictés à l'aide des pouvoirs spécifiques et qui créent un rapport d'inégalité entre l'autorité administrative et les particuliers.

Ce cas est observé aussi à la lecture de la loi du 29 juin 2021, en attente d'une promulgation, qui précise que, à son article 4, « les Tribunaux administratifs connaissent en premier ressort, d'une manière générale, de tous les litiges qui entrent dans le contentieux administratif ou ceux résultant des actes émanant des autorités administratives de leur ressort ».

---

3 Article 33 de la loi organique du 20 décembre 2005, portant organisation judiciaire dans l'Union des Comores.

4 V- Art. 98 de la loi n° 20-020 du 12 décembre 2020 portant organisation judiciaire en Union des Comores.

En règle générale, le contentieux administratif relève de la compétence des juridictions de l'ordre administratif. Il est vrai que la loi du 20 décembre 2005, portant organisation judiciaire en Union des Comores, n'apportait pas suffisamment de précision quant à la définition de l'expression « contentieux administratif », mais elle nous indiquait que celui-ci relève, en principe, de la compétence des juridictions de l'ordre administratif. En effet, en créant des tribunaux administratifs, à travers son article 1er, chargés de connaître le contentieux administratif, elle fait manifester l'apparition des juridictions de l'ordre administratif distinctes de celles relevant de l'ordre judiciaire.

À ce propos d'ailleurs, et suivant cette logique, la Cour suprême de l'Union des Comores montra, avant l'adoption de la nouvelle loi portant organisation judiciaire du 12 décembre 2020, que le contrôle des actes administratifs, unilatéraux et contractuels, relèvent de la compétence des juridictions de l'ordre administratif. On lit, à ce propos, dans son arrêt '*succession de feu charif*', que l'administration peut passer des contrats privés comme elle peut passer des contrats publics. Les premiers relevant de la compétence du juge judiciaire, les autres de la compétence du juge administratif. Selon elle, « l'administration peut signer des contrats de droit privé qui se différencient du contrat administratif par l'absence d'une qualification de contrat administratif, par un texte législatif ou règlementaire, ou cumulativement lorsque l'administration ne dispose pas, pour accompagner ce contrat, de clauses exorbitantes du droit commun et ne visent pas l'exécution d'un service public » [5]. Cet arrêt nous explique que les actes

---

5 Cour. sup., section judiciaire, ch. civ, 29 aout 2019, *succession du feu Charif.*

contractuels de l'administration portant sur l'exécution d'un service public – marchés publics et délégation du service public – et comportant des clauses exorbitantes du droit commun sont des contrats administratifs soumis au contrôle du juge administratif. Cela suppose qu'au sein des contrats publics, il est créé un rapport d'inégalité entre l'administration contractante et l'autre partie cocontractante. Ce rapport d'inégalité est la conséquence de l'existence des prérogatives de puissance publique.

Ce disant, le contrôle de la légalité de l'action administrative relève de la compétence de la juridiction administrative. Toutefois, cette compétence est limitée à une partie de l'action administrative.

II/Une compétence de la juridiction administrative limitée

À l'heure actuelle, la compétence du juge administratif, en Union des Comores, ne s'exerce pas sur l'ensemble des décisions administratives. Elle est clairement limitée à une partie de l'action administrative. Autrement dit, tous les actes édictés par l'administration, même lorsqu'elle agit en qualité d'autorité normative, ne sont pas tous soumis au contrôle de la juridiction de l'ordre administratif. Cela voudrait donc dire que certains actes administratifs sont incontrôlés par le juge administratif. Celui-ci voit en effet sa compétence dépossédée au profit d'une autre juridiction. Ce disant, la compétence du juge administratif, en droit de l'Union des Comores, est limitée seulement à une partie des actes administratifs.

Dès lors, certains actes administratifs échappent au contrôle du juge administratif. Car d'autres juridictions assurent ce contrôle. C'est le cas des actes administratifs en rapport avec des opérations électorales. Autrement dit, tout acte administratif en rapport avec « l'organisation et au déroulement des scrutins, depuis l'inscription sur les listes électorales jusqu'à la proclamation définitive des résultats des élections » ne relève pas de la compétence du juge administratif, mais plutôt du juge électoral, comme le précise l'article 194 de cette ordonnance de 2019.

En matière de voie de fait, également. Par définition, cette notion, pour reprendre l'expression d'une doctrine administrative, « suppose la réunion de deux conditions cumulatives. Il fallait d'abord que [l'administration soit manifestement sortie de ses attributions], soit parce que la décision prise était manifestement insusceptible de se rattacher à l'exercice d'un pouvoir lui appartenant [voie de fait par manque de droit selon l'expression de Maurice HAURIOU] soit parce que l'exécution forcée d'une décision, même légale, était gravement illégale [voie de fait par manque de procédure selon Maurice Hauriou]. Ensuite, la mesure devait ensuite avoir porté une atteinte grave au droit de propriété ou à une liberté fondamentale »[6]. Le juge comorien va presque dans le même sens, dans la mesure où il explique que l'atteinte portée au droit de propriété par une mesure administrative ne relèverait pas de la compétence du juge administratif. Selon lui, et après avoir défini la voie de fait[7], « la règle que face aux actes contractuels de l'Administration portant atteinte à un droit de propriété, les règles de compétence ne sont ni générales ni absolues »[8].

---

[6] Pierre-Laurent FRIER, Jacques PETIT – *Droit administratif*, 9e éd., 2014, p.460.

[7] Pour lui, « la voie de fait s'analyse comme un acte matériel de l'administration qui exécute une procédure grossièrement illégale afin d'aboutir à une décision qui dépossède une personne d'un bien meuble » : Cour. sup., section judiciaire, ch. civ, 29 aout 2019, *succession du feu Charif Housseine*.

[8] *Ibid.*

Principalement, il s'agit de la compétence du juge de l'ordre judiciaire. Ce faisant, en cas de voie de fait, c'est à la juridiction de l'ordre judiciaire d'apprécier, dans ce cas, la légalité de la décision administrative.

Un autre exemple, qui va dans le sens de la dépossession des compétences du juge administratif, se manifeste par l'interprétation faite par l'ancienne Cour constitutionnelle. Elle avait, avant la révision de la Constitution de 2018, la compétence d'apprécier directement la légalité de certains actes administratifs qui sont à l'origine d'un conflit de compétence entre l'Union et les îles. Selon elle, « il revient à la Cour constitutionnelle, chargée de régler les conflits de compétences (...), d'en tirer les conséquences. Que pour cette raison, la Cour est compétente pour connaître du décret [acte administratif] et pour procéder à son annulation »[9]. Rappelons que le décret – acte administratif – émane du président de l'Union. Il est en principe édicté à l'aide des pouvoirs exorbitants. Cela devrait relever en principe de la compétence du juge administratif de l'Union. Or, certains décrets du président de l'Union étaient placés sous le contrôle du juge constitutionnel. L'on assistait donc à une dépossession d'une partie de compétence du juge administratif au profit de l'ancienne Cour constitutionnelle.

En 2017, l'ancienne Cour constitutionnelle avait également rappelé ce considérant. Dans son arrêt du 26 janvier 2017, elle avait considéré que « tout recours contre une décision émanant

---

9 Cour. const., n° 06 – 035/ CC du 8 décembre 2006, *Président de l'Assemblée de l'Union* ; V- Cour. const., n° 14-001/ CC du 24 février 2014, *Gouverneur d'Anjouan* : pour l'ancienne Cour constitutionnelle, même si « le requérant a déclaré que les décrets querellés ont été faits en violation de la Constitution mais aussi source réelle et sérieuse de conflit de compétence entre l'Union et les îles (...), la Cour est compétente pour statuer en la matière ».

d'une autorité de l'Union ou d'une île est recevable (loi, décret, arrêté, délibération, voire une note de service) lorsque ladite décision intervient dans une matière relevant de sa compétence »[10]. En l'espèce, le secrétaire général du gouvernement de l'Union avait soulevé l'incompétence de l'ancienne Cour constitutionnelle pour connaître le recours dirigé contre le décret du président de l'Union. Pour l'ancienne Cour, ce moyen est à écarter, car le « décret querellé crée un conflit de compétence entre les préfets et les maires, matière relevant de la compétence exclusive de la Cour constitutionnelle en vertu de l'article 36 de la Constitution ». On voit parfaitement que malgré la nature administrative de ladite décision, cette dernière ne relevait pas de la compétence du juge administratif, mais plutôt du juge constitutionnel.

Cependant, une question se pose : la Cour suprême, statuant cette fois-ci en matière constitutionnelle, possède-t-elle cette compétence qu'avait l'ancienne Cour constitutionnelle ?

La réponse est négative. Aucun texte ne donne aujourd'hui au juge, statuant en matière constitutionnelle, la compétence pour connaître du contentieux des actes de l'administration qui créent un conflit de compétence entre l'Union et les îles. Cela voudrait dire que désormais, dans l'hypothèse où un acte administratif serait source d'un conflit de compétence entre l'Union et les îles, l'appréciation de la légalité dudit acte relèvera de ce fait de la compétence du juge administratif.

Il existe un autre cas qui dépossède une partie de compétence du juge administratif au profit du juge de l'ordre judiciaire. En effet, au regard de la Constitution de l'Union des Comores, la réparation des préjudices causés par l'action ou l'omission

[10] Cour. const., n° 17-001/ CC du 26 janvier 2017, *Président de l'Association des Maires de Ngazidja.*

d'agents employés par l'État et les autres organismes publics, dans l'exercice de leurs fonctions publiques, relèveront de la compétence du juge de l'ordre judiciaire. Dans cette situation, la Constitution parle de responsabilité, non pas publique, mais civile. Par voie de conséquence, le juge judiciaire demeure compétent pour connaître la responsabilité civile de l'État et des autres organismes publics « des actions ou omissions de leurs agents, commises dans l'exercice de leurs fonctions publiques ou en raison de celles-ci, pouvant porter atteinte d'une manière quelconque aux droits, aux libertés et aux garanties de ceux auxquels ces droits sont accordés ou de tierces personnes », comme le précise l'article 14 de la Constitution de l'Union des Comores. Bien qu'on parle ici des fonctions publiques, la Constitution attribue la compétence au juge de l'ordre judiciaire. Le juge de la réparation sera donc le juge judiciaire.

Cela dit, au regard de la loi de l'Union, la compétence de la juridiction administrative est bien déterminée.

§ 2 – Une compétence de la juridiction administrative initialement déterminée par la loi

I/ La Constitution de 2001 et le domaine de compétence du juge administratif

La Constitution de 2001, révisée, ne consacre pas un domaine de compétence au profit du juge administratif. Elle ne fait que consacrer l'existence de cette juridiction. Aucune disposition de la Constitution ne mentionne un domaine de compétence appartenant à la juridiction administrative. Autrement dit, la Constitution n'apporte pas de précision quant aux matières pouvant relever de la compétence du juge administratif ; c'est tout simplement une absence constitutionnelle en matière de domaine de compétence réservé au juge administratif. La Constitution de 2001, révisée dernièrement en 2018, ne fait que consacrer l'existence d'une juridiction administrative, à travers son article 96 selon lequel « la Cour suprême est la plus haute juridiction de l'Union en matière (...) administrative (...) ».

II/ La loi et le domaine de compétence du juge administratif

C'est donc dans la loi qu'on retrouve les matières dans lesquelles la juridiction de l'ordre administratif intervient. D'abord, parce qu'en vertu de la Constitution, « l'organisation judiciaire est déterminée par la loi ». Ensuite, aux termes de l'article 89 de cette Constitution, « (...), la loi fixe les règles concernant (...) la création de nouveaux ordres de juridiction ». Il est donc normal que la loi fixe les matières relevant de la compétence de la juridiction administrative.

Aujourd'hui, il y a une évolution puisque la nouvelle loi relative à l'organisation judiciaire de l'Union des Comores précise les matières dans lesquelles la juridiction administrative intervient, contrairement à la loi du 20 décembre 2005. En effet, cette loi de 2005, relative à l'organisation judiciaire dans l'Union des Comores et dans les Îles, a consacré le 'contentieux administratif' sans donner aucune définition dudit contentieux ni fixer un domaine de compétence des juridictions administratives. Elle s'était contentée d'indiquer simplement que ledit contentieux relève de la compétence des juridictions de l'ordre administratif. Or, avec la nouvelle de 2020, le législateur a apporté suffisamment de précisions quant au domaine de compétence de la juridiction administrative.

En effet, à la lecture de ces textes, l'on comprend que le législateur renvoie aux juridictions administratives le soin de connaître les litiges opposant l'administration, agissant en qualité d'autorité administrative. Et sous réserve des compétences attribuées à la section administrative de la Cour suprême[11], la loi du 12 décembre 2020 relative à l'organisation judiciaire donne compétence au tribunal administratif de connaître en premier ressort : « des recours en annulation pour excès de pouvoir former contre les décisions règlementaires ou individuelles des autorités administratives ou de toute autre personne de droit public ; des actions en réparation des dommages causés par les actes ou les activités des personnes publiques à l'exclusion de ceux causés sur la voie publique par un véhicule appartenant à une personne publique ; des recours sur renvoi des juridictions de l'ordre judiciaire, pour l'interprétation et appréciation de la légalité d'un acte litigieux dont elles sont saisies ; des demandes en décharges ou en réduction présentées en matière fiscale, par des contribuables, dans les conditions fixées par le Code général des impôts ; des litiges relatifs à l'expropriation pour cause de l'utilité publique ; des actions contentieuses relatives au recouvrement des créances du trésor public ; des contentieux relatifs à la situation individuelle des personnes nommées ou recrutées par des personnes publiques y compris les fonctionnaires ; des litiges relevés à l'occasion des contrats conclus sous le régime de droit privé ou entre des personnes morales de droit public ou ceux nés de l'exécution d'un service public dépendant du gouvernement ou de toute autre personne morale de droit public ; les litiges intéressant le domaine public ;

[11] Selon l'article 130 de l'ordonnance n° 19-003/PR abrogeant et remplaçant la loi organique n° 05-012/AU du 27 juin 2005, relative à la Cour suprême : « la section administrative connait en premier et dernier ressort : des recours pour excès de pouvoir dirigés contre les décrets ; des recours en interprétation et des recours en appréciation de la légalité des actes dont le contentieux relève de la section ; des requêtes en règlement de juges dans les contentieux administratifs ».

les litiges intéressant les opérations de maintien de l'ordre ; d'une manière générale de tout litige qui entre dans le contentieux administratif ou de tous les actes émanant des autorités administratives de leur ressort »[12].

Toutefois, et antérieurement à cette loi du 12 décembre 2020, il existe des lois qui confèrent la compétence juridictionnelle à la juridiction administrative pour connaître le contentieux de certaines matières.

C'est le cas de la loi n°11-027/AU du 29 décembre 2011, portant passation des Marchés publics et délégation des Services publics. Ces contrats, qualifiés de contrats de droit public, relèvent en principe de la compétence des juridictions de l'ordre administratif. Il est vrai que cette loi ne dit pas que le juge administratif est celui qui est compétent pour connaitre le contentieux des contrats de la commande publique, mais, à la lecture de son article 178 selon lequel « tout litige qui a fait préalablement l'objet d'un recours gracieux ou hiérarchique et qui n'a pas été réglé amiablement dans les trente jours ouvrables suivant l'introduction du recours, sera porté, conformément au droit et aux stipulations contractuelles applicables, devant les juridictions compétentes (...) », on comprend qu'il s'agit là des juridictions administratives pour deux raisons : d'abord, parce que ces contrats sont qualifiés de contrats publics en raison de la présence des « clauses administratives générales »[13] différentes des clauses contractuelles qu'on retrouve dans les contrats de droit privé. Et ensuite, la Cour suprême a indiqué que lorsque le

---

[12] Article 98 de la loi, n° 20-020/AU, du 12 décembre 2020 portant organisation judiciaire en Union des Comores, abrogeant la loi, n° 05-16/AU, du 20 décembre 2005, relative à l'organisation judiciaire en Union des Comores et dans les îles.

[13] Pour les marchés publics, ces clauses sont prévues par l'article 119 de celle loi du 29 décembre 2011.

contrat signé par l'administration ne porte pas sur l'exécution du service public et qu'il ne contient pas non plus des clauses exorbitantes du droit commun, ledit contrat est un contrat de droit privé et relevant de la compétence des juges de l'ordre judiciaire. Dans son arrêt rendu le 29 août 2019, la chambre civile de la Cour suprême, pour reconnaître la compétence du judiciaire, a considéré que « l'administration peut signer des contrats de droit privé qui se différencient du contrat administratif par l'absence d'une qualification de contrat administratif, par un texte législatif ou réglementaire, ou cumulativement lorsque l'administration ne dispose pas pour accompagner ce contrat, de clauses exorbitantes du droit commun et ne visent pas l'exécution d'un service public »[14]. Cela montre que dans le cas contraire, le contentieux des contrats de la commande publique relèvera de la compétence des juridictions administratives.

C'est le cas des litiges mettant en cause les établissements publics administratifs qui, selon l'article 5 de la loi, n° 06-010, du 2 janvier 2006 portant règlementation générale des sociétés à capitaux publics et des établissements publics, « sont soumis [...] aux règles du droit public et aux contentieux administratifs ». Or, ce contentieux administratif relève de la compétence des juridictions de l'ordre administratif.

Aussi, les litiges mettant en cause l'administration générale des impôts et des domaines (AGID) relèvent de la compétence des juridictions administratives, pour deux raisons. D'abord, parce que cette administration est qualifiée d'établissement public à caractère administratif (EPA). L'article 1er de la loi, n° 13-005, du 19 juin 2013 portant statut de l'Administration

[14] Cour. sup., section judiciaire, ch. civ, 29 aout 2019, *Succession du feu Charif Houssein.*

générale des impôts et des domaines, dispose que « l'administration générale des impôts et des domaines est un établissement public administratif crée par la loi n° 12-004/AU du 21 juin 2012 portant création d'une administration générale des impôts et des domaines ». Ensuite, le fait que les statuts de cette AGID soient régis par la loi du 2 janvier 2006, son contentieux relève du juge administratif[15].

C'est le cas aussi de la loi portant décentralisation au sein de l'Union des Comores du 7 avril 2011 qui précise, à son article 24, que « la juridiction administrative est compétente pour connaître en premier ressort des recours pour excès de pouvoir introduits contre les délibérations des Conseils n'ayant pas un caractère réglementaire et la chambre administrative de la Cour d'appel est compétente en 2e ressort ».

Le contentieux de l'impôt relève aussi de la compétence du juge administratif. L'article L.134 du livre des procédures fiscales, en Union des Comores, dispose que « lorsque la décision du directeur des impôts ne donne pas entière satisfaction au réclamant, celui-ci peut, dans le délai de deux mois à partir du jour où il a reçu notification de la décision, porter le litige devant le tribunal administratif, puis en appel devant la Cour suprême ».

D'une manière générale, la compétence des juridictions de l'ordre administratif est bien déterminée. Même si la loi doit évoluer en la matière.

---

[15] V- article 5 de la loi n°06-10 du 2 janvier 2006 portant réglementation générale des sociétés à capitaux publics et des établissements publics.

SECTION 2 – Une compétence protégée

Le dualisme juridictionnel suppose l'existence de deux juridictions distinctes. L'une chargée de juger les personnes privées et l'autre chargée de connaître le contentieux mettant en cause l'administration. Ce dualisme suppose aussi que les compétences juridictionnelles sont réparties entre ces deux ordres de juridictions. La juridiction de l'ordre administratif pour le contentieux administratif, la juridiction de l'ordre judiciaire pour le contentieux privé.

Cependant, il arrive que l'une de deux juridictions empiète sur les compétences de l'autre juridiction. Fort heureusement, la loi de l'Union a prévu des solutions pour résoudre ces conflits de compétences. Elle a mis en place un organe répartiteur de compétence chargé d'assurer la protection de celle-ci. L'ordonnance du 19 octobre 2019 relative à la Cour suprême a donc prévu des Sections réunies ($1) tout en précisant les procédures applicables en cas de conflits de compétences entre l'ordre juridictionnel administratif et l'ordre juridictionnel judiciaire ($2).

§ 1 – Des sections réunies et missions

C'est dans la loi organique du 27 juin 2005, aujourd'hui abrogée, qu'est apparu cet organe « sections réunies ». Cet organe, « des sections réunies », est une juridiction des conflits et donc un organe répartiteur de compétences.

I/ Composition et formation

Cet organe est présidé par le premier président de la Cour suprême ou à défaut, par le vice-président. Il est composé des présidents de sections et un conseiller par section « après un rapport écrit fait par l'un des membres de la Cour et sur les conclusions du ministère public ». Siégeant en nombre impair, cet organe ne peut statuer que si au moins une majorité effective est présente. En effet, « la formation des sections réunies ne peut statuer valablement qu'avec la participation effective de la majorité de ses membres », comme le précise l'article 290 de l'ordonnance du 19 octobre 2019, abrogeant et remplaçant la loi organique du 27 juin 2005 relative à la Cour suprême.

S'agissant des effets des décisions rendues par cet organe, il faut noter que l'article 292 de cette ordonnance précise que « les décisions de la formation des sections réunies de la Cour suprême en matière de conflits d'attribution et sur les contrariétés de jugements s'imposent à toutes les juridictions. Elles ne peuvent être l'objet d'opposition ni d'aucun recours, sauf rectification d'erreur matérielle, et alors, dans le délai de deux mois de leur notification ou signification et s'imposent à toutes les juridictions de l'ordre administratif et de l'ordre judiciaire ».

II/ Missions

Cet organe n'intervient que s'il y a un conflit de compétence entre les juridictions de l'ordre judiciaire et les juridictions de l'ordre administratif. C'est donc un organique répartiteur de compétences.

Son rôle est d'éviter que l'une des juridictions n'empiète sur les compétences de l'autre. C'est de ce fait une manière de protéger cette répartition de compétence entre l'ordre juridictionnel administratif et la juridiction de l'ordre judiciaire.

Il résulte de l'alinéa 2 de l'article 284 de l'ordonnance de 2019 que les 'sections réunies' « statuent à chaque fois qu'il y a conflit de compétence d'attribution entre les juridictions administratives et judiciaires. Le secrétariat est assuré par le Greffier en chef».

Au regard de cette ordonnance de 2019, abrogeant et remplaçant la loi de 2005 relative à la Cour suprême, cet organe répartiteur de compétence assume trois fonctions ; par le biais de la procédure du conflit positif d'attribution, par le biais de la procédure du conflit négatif d'attribution et enfin par le biais de la procédure applicable aux renvois par les juridictions judiciaires ou administratives devant les juridictions des conflits.

§ 2 – Les procédures applicables aux conflits de compétences d'attribution

I/ De la procédure du conflit positif de compétences d'attribution

Admettre le principe du dualisme juridictionnel en Union des Comores, c'est aussi une manière d'affirmer le principe de la séparation des autorités administrative et judiciaire. Cela signifie que ni les juridictions de l'ordre judiciaire ni les autres organes juridictionnels ne doivent connaître le contentieux administratif, sauf si un texte prévoit le contraire. La procédure de conflit positif de compétences d'attribution a pour but principal d'empêcher l'autorité judiciaire de juger l'administration ; le but étant de protéger la compétence du juge administratif. En effet, le principe du dualisme juridictionnel implique la répartition des compétences entre les juridictions administrative et judiciaire.

L'ordonnance de 2019, abrogeant et remplaçant la loi de 2005 relative à la Cour suprême, instaure effectivement des mécanismes permettant d'éviter que les juridictions judiciaires puissent empiéter sur les compétences des juridictions de l'ordre administratif. Rappelons que ce conflit positif ne peut être élevé que devant les juges du fond. En effet, si une autorité administrative constate qu'une affaire est portée devant le juge judiciaire alors que celle-ci est, suivant une disposition législative, relève de la compétence du juge administratif, cette autorité a la possibilité d'adresser au procureur de la République ou au procureur Général un mémoire déclinatoire de compétence[16]. Elle doit joindre dans ce déclinatoire la disposition législative qui accorde la compétence au juge administratif. Ce mémoire déclinatoire de compétence est indispensable pour pouvoir, par la suite, valider l'élévation du conflit.

Dans le cas où le procureur de la République ou le procureur Général décideraient de renvoyer le déclinatoire de compétence au juge judiciaire saisi de l'affaire, celui-ci a deux possibilités. Soit, il accueille le mémoire déclinatoire et dans ce cas l'affaire est renvoyée devant le juge administratif. Cela voudrait dire que le juge judiciaire accepte son incompétence de juger l'affaire qui lui a été saisie. Soit, il rejette le mémoire déclinatoire et dans ce cas-là, l'autorité administrative compétente peut élever le conflit par le biais d'un arrêté de conflit[17].

---

16 C'est un acte par lequel l'autorité administrative compétente invite le juge judiciaire de renoncer à sa compétence sur une affaire à laquelle une disposition législative aurait accordé cette compétence à la juridiction administrative ; v- article 293 de l'ordonnance, n°19-003, du 19 octobre 2019 relative à la Cour suprême.

17 Si l'on doit définir l'arrêté de conflit, on dira qu'il s'agit là d'un acte émanant d'une autorité administrative et édicté en vue de saisir les sections réunies à la suite d'un conflit de compétence entre la juridiction judiciaire et la juridiction administrative. Cet acte est édicté après que le juge judiciaire a rejeté le mémoire déclinatoire de compétence.

NB/

Ici, le droit de l'Union indique que c'est l'autorité compétente qui est habilitée à élever le conflit. En principe, cette indication « autorité compétente » renvoie à l'autorité ayant édicté l'acte administratif.

Contrairement en droit français où il est indiqué qu'en matière de conflit positif, c'est le préfet qui élève le conflit[18].

Le juge des conflits, autrement dit la formation des sections réunies, prend sa décision. Il « confirme ou annule l'arrêté de conflit de l'autorité compétente, ou le cas échéant, constate qu'il n'y a pas lieu à statuer (...) », selon l'article 301 de l'ordonnance de 2019 relative à la Cour suprême.

II/ De la procédure du conflit négatif

Il y a conflit négatif lorsque les deux juridictions (administrative et judiciaire) « se sont déclarées respectivement incompétentes sur la même question »[19]. Dans ce cas, c'est aux parties intéressées de saisir directement la formation des sections réunies de la Cour suprême. L'ordonnance de 2019 indique, à travers l'article 305, également l'hypothèse dans laquelle l'affaire concernerait l'administration. Dans ce cas, le recours est « formé par le ministre dans les attributions duquel se trouve placé le service public que l'affaire concerne ».

En réalité, c'est à l'issue de la deuxième décision rendue par l'une de ces juridictions que la partie intéressée devra saisir la formation des sections réunies. Celle-ci, si elle constate qu'il y

[18] En France, à lire les articles 18 à 31 du décret n° 2015-233 du 27 février 2015 relatif au tribunal des conflits et aux questions préjudicielles.

[19] Article 304 de l'ordonnance, n° 19-003, du 19 octobre 2019/PR abrogeant et remplaçant la loi organique n° 05-012/AU du 27 juin 2005, relative à la Cour suprême.

a conflit négatif, « elle annule le jugement ou l'arrêt de la juridiction qui s'est déclarée à tort incompétente et renvoie les parties devant cette juridiction », selon l'article 311 de l'ordonnance de 2019. Ce qui est essentiel à retenir, c'est le fait qu'ici, c'est la partie intéressée qui saisit la formation des sections réunies après que les deux juridictions se sont déclarées incompétentes. Et par conséquent, ce n'est ni l'autorité compétente, auteur de la décision administrative, ni l'une des juridictions administrative ou judiciaire, qui saisissent les sections réunies.

III/ De la procédure applicable aux renvois devant la formation des sections réunies par les juridictions administratives et judiciaires

Dans cette hypothèse, ce n'est ni l'autorité administrative compétente ni les parties intéressées qui vont être à l'origine de la saisine de la formation des sections réunies. C'est à l'une des deux juridictions qui va saisir le juge des conflits.

Selon l'article 315 de l'ordonnance de 2019, « si la formation des Sections réunies de la Cour suprême, saisie par la section administrative de la Cour, en application de l'article 311 ci-dessus, juge que la juridiction par laquelle elle a été saisie n'est pas compétente pour connaître l'action ou de l'exception en litige, elle annule le cas échéant, toutes décisions, jugements ou arrêts contraires, sur la question de compétence, des juridictions judiciaires et administratives et renvoie les parties à se pourvoir devant la juridiction qu'elle reconnaît compétente ou s'est déclarée à tort incompétente. Lorsque, en revanche, elle juge que la juridiction auteur du renvoi est compétente pour connaître de l'action ou de l'exception qui en est l'objet, elle prononce l'annulation de la décision, du jugement ou de l'arrêt de la juridiction qui a ordonné le renvoi, qui se trouve alors à nouveau saisi et devant laquelle la procédure est normalement reprise et poursuivie ».

CHAPITRE 3.

L'organisation de la juridiction administrative en droit de l'Union

L'essentiel

Dans ce chapitre, il sera question de présenter l'organisation des juridictions de l'ordre administratif en Union des Comores. Il s'agit des juridictions administratives et qui connaissent tous les contentieux et litiges mettant en cause l'administration – autorité administrative. Pour rappel, malgré la consécration des tribunaux administratifs, en Union des Comores, ils ne sont pas encore mis en place, car la loi portant organisation et fonctionnement desdits tribunaux n'est pas encore promulguée à l'heure où nous écrivons. S'agissant du juge administratif d'appel, il n'existe pas non plus des Cours administratives d'appel. La loi a prévu une ou plusieurs chambres administratives au sein de chaque Cour d'appel. En revanche, seule une véritable section administrative au sein de la Cour suprême exerce de manière effective les fonctions du juge administratif de cassation.

En Union des Comores, il n'y a qu'un seul texte qui régit le statut de la magistrature. Il s'agit de la loi du 31 décembre 2005 portant statut de la magistrature. L'article 1er dispose qu'« il est institué un corps unique de la magistrature de l'ordre judiciaire et de l'ordre administratif régi par le présent statut ». Ainsi, les magistrats de l'ordre administratif sont soumis aux mêmes devoirs, droits et privilèges que ceux de l'ordre judiciaire. Ils sont donc inamovibles[1] et « peuvent, sans autorisation préalable, se livrer à des travaux scientifiques, littéraires ou artistiques », selon l'article 13 de ladite loi.

Quant à l'accès à la fonction de la magistrature, il y a plusieurs voies d'accès. Soit à l'issue d'une formation en tant qu'auditeur de justice[2] et qui va permettre, après constatation d'aptitude aux fonctions judiciaires, d'être nommé juge suppléant par décret du président de la République en réunion du Conseil supérieur de la magistrature. Soit être directement nommé magistrat lorsque le candidat est diplômé d'une agrégation au sein d'une faculté de droit ou lorsque le candidat est « maître assistant chargé de cours ayant enseigné au moins pendant trois années dans une faculté de droit »[3]. Les magistrats de l'ordre judiciaire comme ceux de l'ordre administratif prêtent serment devant la Cour d'appel avant d'être installés dans leurs fonctions.

Par-delà le statut des magistrats, aujourd'hui, en Union des Comores, il existe bien une juridiction de l'ordre administratif

---

1 Article 4 de la loi n° 05-018/AU du 31 décembre 2005 portant statut de la magistrature.

2 L'article 31 de cette loi détermine les personnes pouvant postuler pour le titre d'auditeurs de justice. Selon cet article, « portent le titre d'auditeurs de justice, les élèves d'un diplôme universitaire de licence ou de maitrise en droit ou d'un diplôme équivalent et qui ont subi avec succès les épreuves d'un concours dont l'organisation et le programme seront fixés par arrêté du ministre de la Justice de l'Union ; les docteurs en droit qui ont fait une demande d'intégration dans le corps judiciaire dans la proportion de 5 % de places disponibles ; les greffiers en chef et greffiers titulaires d'une maitrise en droit qui ont fait une demande d'intégration dans le corps de la magistrature et qui justifie d'une ancienneté de 5 ans au moins ».

3 Article 37 de la loi du 31 décembre 2005 portant statut de la magistrature.

distincte de la juridiction de l'ordre judiciaire. Sur le plan théorique, ces juridictions administratives sont au nombre de trois et prennent la forme d'un ordre juridictionnel hiérarchisé. Au sommet, on a la section administrative de la Cour suprême de l'Union (section 2) qui joue un rôle essentiel dans le contentieux administratif en raison surtout de l'absence effective des juridictions administratives du fond (section 1).

SECTION 1 –
Absence des juridictions administratives du fond

À l'heure actuelle, malgré la consécration textuelle des tribunaux administratifs ($1), ces derniers ne sont pas encore installés ; en effet, la récente loi adoptée, en séance plénière le 29 juin 2021, n'est toujours pas promulguée. Il n'existe pas non plus des Cours administratives d'appel, mais plutôt des chambres administratives au sein de la Cour d'appel ($2).

§ 1 – Des tribunaux administratifs ?

La loi, n° 20-020/AU, du 12 décembre 2020 portant organisation judiciaire et abrogeant la loi n° 05-016/AU du 20 décembre 2005 relative à l'organisation judiciaire dans l'Union des Comores et dans les îles, a créé, au côté des tribunaux relevant de l'ordre judiciaire, des tribunaux administratifs. Selon l'article 3 de cette loi, « l'organisation judiciaire comprend les juridictions de droit commun et les juridictions spécialisées qui sont (...) des tribunaux administratifs (...) ». Les tribunaux administratifs sont des juridictions spécialisées selon cette loi.

Aujourd'hui, la loi sur l'organisation et fonctionnement des tribunaux administratifs a été adoptée. Cependant, elle n'est pas encore promulguée.

I/ Nombres

Selon la loi, « il est institué, dans leur ressort judiciaire de chaque juridiction de première instance, un tribunal administratif ». Et l'article 2 de la loi du 29 juin 2021, non promulguée pour l'instant, précise qu'il « est institué, dans le ressort de chaque Cour d'appel, un tribunal administratif ». Suivant ces dispositions, il existe en principe un tribunal administratif dans chaque île et donc 3 tribunaux administratifs dans l'ensemble du territoire.

Pour la composition du Tribunal administratif, il devrait être composé (au regard de l'article 6 de la loi du 29 juin 2021, en attente d'une promulgation), de, « au siège, d'un président, de présidents de chambre, de juges, d'un greffier en chef, des greffiers. Au Commissariat du gouvernement, d'un Commissaire du gouvernement, d'un ou plusieurs substituts du Commissaire du gouvernement, des secrétaires du Greffe du Commissariat du gouvernement ».

II/ Attributions contentieuses

En principe, les juges des tribunaux administratifs, en Union des Comores, sont les juges de première instance concernant le contentieux administratif. Ils sont les premiers juges à apprécier la légalité des actes administratifs, excepté lorsque la loi confère à la Cour suprême la compétence d'apprécier, en premier et en dernier ressort, la légalité de certains actes administratifs.

Autrement dit, les juges des tribunaux administratifs sont les juges qui vont connaître, en premier ressort, le recours pour excès de pouvoir et le recours de pleine juridiction formés contre les actes administratifs. L'article 98 de la loi du 12 décembre 2020 portant organisation judiciaire en Union des Comores dispose que « le tribunal administratif connaît en premier ressort [...] ».

La loi du 29 juin 2021, rappelons qu'elle est toujours en attente d'une promulgation, a consacré deux compétences, l'une territoriale et l'autre matérielle.

Selon l'article 14 de ladite loi, en attente d'une promulgation, « la compétence territoriale du Tribunal administratif s'étend au ressort de la Cour d'appel dont il dépend ». Et son article 15, « le Tribunal administratif, territorialement compétent, est celui, de la situation du bien lorsque le différend porte sur un immeuble ; du lieu d'exécution du contrat litigieux ; du lieu de réalisation du fait dommageable : ou par défaut, dans le ressort territorial duquel l'autorité qui a pris la décision attaquée a légalement son siège ».

Quant aux compétences matérielles, l'article 19 de ladite loi, en attente d'une promulgation, précise que « les Tribunaux administratifs connaissent en premier ressort, d'une manière générale, de tous les litiges qui entrent dans le contentieux administratif ou ceux résultant des actes émanant des autorités administratives de leur ressort ».

III/ Des tribunaux administratifs non installés

En attendant la promulgation de loi du 29 juin 2021 portant sur l'organisation et sur le fonctionnement des tribunaux administratifs, en Union des Comores, il n'y a pas des tribunaux administratifs sur l'ensemble du territoire. Aujourd'hui encore, malgré l'adoption d'une nouvelle loi portant organisation judiciaire du 12 décembre 2020 et qui abroge celle de 2005, ces tribunaux administratifs ne sont pas encore installés. À ce propos d'ailleurs, l'article 99 de la nouvelle loi précise que « le ressort, l'organisation, le fonctionnement et les compétences des tribunaux administratifs sont fixés par la loi qui l'institut ». Et son article 111 dispose qu'« en attendant l'installation [...] des tribunaux administratifs [...], les juridictions de droit commun exercent les attributions dévolues à ces juridictions et appliquent en matière de procédure les lois et règlements en vigueur ».

Cependant, si l'on se réfère à cette loi du 29 juin 2021, en attente d'une promulgation, l'on voit que le législateur a prévu leur mode de fonctionnement, les conditions de leur saisine. Par exemple, l'article 12 de cette loi, en attente de sa promulgation, précise que « le Tribunal administratif siège en formation collégiale de trois membres. Il statue avec l'assistance d'un greffier du Commissaire du gouvernement qui est admis à conclure sur toutes les affaires. Les décisions sont rendues à la majorité des voix sans possibilité d'abstention ».

Par ailleurs, la loi du 12 décembre 2020 portant organisation judiciaire en Union des Comores, et à défaut de l'installation des tribunaux administratifs, a transféré, de façon provisoire, les compétences desdits tribunaux aux tribunaux de première instance. À noter que ces tribunaux de première instance relèvent de la juridiction de l'ordre judiciaire. En réalité, les juges de l'ordre judiciaire, tout en appliquant des règles de droit public, sont chargés d'apprécier, en premier ressort, la légalité des actes administratifs. De ce fait, en statuant à la place des tribunaux administratifs, ils statuent donc en formation collégiale « de trois juges, y compris le président, avec l'assistance du greffier »[4].

---

4 V- article 84 de la loi du 12 décembre 2020 relative à l'organisation judiciaire.

Aujourd'hui, en raison de l'absence de la promulgation de loi portant organisation et fonctionnement des tribunaux administratifs, ce sont en conséquence les mêmes magistrats des tribunaux de première instance qui vont exercer le rôle des magistrats des tribunaux administratifs de manière provisoire.

IV/ Effets de la non-installation des tribunaux administratifs, en Union des Comores

Il est évident que la non-installation des tribunaux administratifs sur l'ensemble du territoire remet en cause le principe du dualisme juridictionnel. Que le fait que ça soit les mêmes juges de l'ordre judiciaire qui statuent à la fois sur le contentieux judiciaire et sur le contentieux administratif constitue un obstacle au principe de la séparation des autorités juridictionnelles, autrement dit de la séparation de la juridiction de l'ordre judiciaire et celle de l'ordre administratif. Ce disant, l'installation des tribunaux administratifs sera à l'origine du renforcement du dualisme juridictionnel, en ce sens que ce seront les magistrats spécialisés en droit public général qui vont siéger au sein de ces tribunaux. Il faut rappeler que ces tribunaux administratifs sont des juridictions spécialisées.

Il serait aussi opportun que le législateur exige que les magistrats qui vont siéger aux tribunaux administratifs aient connaissance du droit public général.

§ 2 – Absence des Cours administratives d'appel ?

La nouvelle loi, n° 20-020/AU, du 12 décembre 2020 et relative à l'organisation judiciaire en Union des Comores n'a pas prévu des Cours administratives d'appel. Et pourtant, en créant des tribunaux administratifs, il aurait été logique, dans les mêmes veines, de créer des Cours administratives d'appel chargées de statuer sur les décisions rendues en premier ressort par les tribunaux administratifs. À la place desdites Cours, la nouvelle loi a créé une ou plusieurs chambres administratives dans chaque Cour d'appel. Rappelons que la Cour d'appel fait partie des juridictions de droit commun.

I/ Des chambres administratives et non des Cours administratives d'appel

Les Cours d'appel sont au nombre de trois. L'article 42 de la nouvelle loi portant sur l'organisation judiciaire en Union des Comores dispose qu'« il est institué une Cour d'appel au chef-lieu de chaque île avec compétence sur toute l'étendue du territoire de l'île ». Et l'article 45 dispose que « chaque Cour d'appel comprend au moins (...) une ou plusieurs chambres administratives (...) ». C'est donc le premier président de la Cour d'appel qui affecte les magistrats dans les différentes chambres qui la composent. Selon l'article 66 de ladite loi, « les magistrats sont affectés au service des différentes chambres par ordonnance du premier président en ce qui concerne les présidents des chambres et les conseillers, et par le Procureur général en ce qui concerne les Substituts généraux ».

Il n'y a pas en conséquence des Cours administratives d'appel pour connaître les jugements rendus par les tribunaux administratifs. Alors que la création desdites Cours aurait permis d'avoir des magistrats spécialisés en droit public général chargés d'appliquer les règles issues du droit public.

II/ Attributions contentieuses

Le juge d'appel, s'agissant du contentieux administratif, statue sur les décisions rendues par les tribunaux administratifs. La nouvelle loi portant sur l'organisation judiciaire en Union des Comores précise que « la Cour d'appel est compétente pour connaître de l'appel des décisions rendues par les juridictions de première instance tant en matière (...) administrative (...) ». Cela signifie que le juge, siégeant au sein de la chambre administrative de la Cour d'appel, est juge d'appel de droit commun, pour ce qui est du contentieux administratif, des décisions rendues en premier ressort par les tribunaux administratifs.

D'ailleurs, la loi du 29 juin 2021, en attente d'une promulgation, précise, à son article 214, que « les décisions juridictionnelles rendues contradictoirement ou réputées contradictoirement par les tribunaux administratifs sont susceptibles d'appel devant la chambre administrative de la Cour d'appel du ressort du tribunal ayant rendu lesdites décisions dans les conditions et formes prévues aux paragraphes qui suivent ».

III/ Fonctionnement

La composition des chambres administratives est déterminée par le premier président de la Cour d'appel[5]. Et c'est par une ordonnance du premier président de la Cour d'appel qui affecte les magistrats dans les chambres administratives. Selon l'article 66 de la loi du 12 décembre 2020 portant organisation judiciaire, en Union des Comores, « les magistrats sont affectés aux services des différentes chambres par ordonnance du premier président en ce qui concerne les présidents des chambres et les conseillers, et par le Procureur général en ce qui concerne les substituts généraux ».

En principe, les décisions rendues par les chambres administratives de la Cour d'appel sont rendues par des magistrats en formation collégiale. L'article 50 de la loi de 2020

---

[5] V- article 63 de la loi n°20-020 du 12 décembre 2020 portant organisation judiciaire en Union des Comores.

dispose que « en toute matière, à peine de nullité, les audiences ordinaires des Cours d'appels sont tenues par trois magistrats assistés d'un Greffier ».

SECTION 2 –
La Section administrative de la Cour suprême de l'Union des Comores

On lit dans la Constitution de l'Union des Comores que « la Cour suprême est la plus haute juridiction de l'Union (...) »[6]. Elle comporte plusieurs sections, dont celle de la section administrative. Rappelons que le président de la section administrative est nommé par décret du président de l'Union. L'article 22 de l'ordonnance de 2019 relative à la Cour suprême dispose que « les présidents des sections sont nommés par décret du président de l'Union, sur proposition du bureau de la Cour suprême ». Ce bureau est composé, sous la présidence du premier président de la Cour suprême, du « vice-président, du procureur général, des présidents des sections, du secrétaire général et du greffier en chef »[7].

Historiquement, la section administrative a été instaurée par la Constitution de 2001. Les Constitutions précédentes ne comportaient pas de section administrative puisqu'elles avaient opté pour le système du monisme juridictionnel : un seul ordre de juridiction pour tous les contentieux. Avec la Constitution de 2001, c'est donc le dualisme juridictionnel qui a été mis en place, avec d'un côté l'ordre juridictionnel administratif et de l'autre côté, la juridiction de l'ordre judiciaire.

---

6 Selon l'article 96 de la Constitution de 2001, révisée.

7 V- article 16 de l'ordonnance n°19-003 du 19 octobre 2019 relative à la Cour suprême.

Selon l'article 124 de l'ordonnance n° 19-003 du 19 octobre 2019, abrogeant et remplaçant la loi organique n° 05-012/AU du 27 juin 2005 relative à la Cour suprême, dispose que « la section se divise en deux chambres : une chambre contentieuse et une chambre consultative ». Autrement dit, la section administrative a deux attributions, contentieuses ($1) et consultatives ($2). Elle intervient soit en tant que juge, soit en tant qu'organe consultatif.

§ 1- Les attributions contentieuses de la section administrative

La section administrative de la Cour suprême intervient en tant qu'organe juridictionnel. Dès lors, elle assure le contrôle de la légalité des actes administratifs. Elle intervient soit en tant que juge de cassation, soit en tant que juge d'appel ou, soit en tant que juge statuant en premier et en dernier ressort.

I/ Juge de cassation

L'article 126 de l'ordonnance n° 19-003 du 19 octobre 2019 relative à la Cour suprême dispose que « la section administrative est le juge de cassation de droit commun de toutes les décisions rendues en dernier par les tribunaux administratifs sous les Cours administratives d'appel de l'Union ».

NB/

Cette disposition mentionne l'existence des Cours administratives d'appel. Or, la loi du 12 décembre 2020 portant organisation judiciaire en Union des Comores parle d'une Cour d'appel et au sein de laquelle on retrouve une ou plusieurs chambres administratives.

Cela peut paraître, en effet, contradictoire puisque les deux expressions n'ont pas le même sens.

En revanche, il serait temps, en effet, de créer de véritables Cours administratives d'appel pour rendre effectif le principe du dualisme juridictionnel.

En principe, sont portées devant la section administrative les décisions rendues par les juridictions administratives du fond. Cette section statue donc sur les pourvois en cassation formés contre les arrêts rendus en dernier ressort par les tribunaux administratifs sous les Cours administratives d'appel. Elle est ainsi juge de cassation. Cela signifie que le pourvoi en cassation est recevable dès lors que le justiciable a épuisé toutes les voies de recours internes possibles, c'est-à-dire d'avoir saisi les juridictions du fond, statuant en dernier ressort, et donc d'abord d'avoir saisi les tribunaux et ensuite les chambres administratives de la Cour d'appel.

Cette fonction contentieuse qu'exerce la section administrative, autrement dit de connaître les recours en cassation, reste sa compétence juridictionnelle de droit commun. En étant juge de cassation, elle peut rejeter le pourvoi formé contre la décision du juge du fond par le requérant. Elle peut aussi accueillir le pourvoi et de ce fait casser la décision du juge du fond[8], avec ou sans renvoi. En somme, la section administrative manifeste la consécration du principe du

---

[8] Parce que celui-ci a simplement mal appliqué la règle du droit. C'est pour cela que le juge de cassation est juge du droit.

dualisme juridictionnel, en ce sens qu'une affaire peut être conduite jusqu'au juge administratif de cassation.

II/ Juge d'appel

Dans certains contentieux, la Cour suprême connaît les recours en appel dirigés contre les jugements rendus par les tribunaux administratifs. Dans cette hypothèse, il est juge d'appel contre les décisions rendues en premier ressort par les tribunaux administratifs.

C'est le cas du contentieux de l'impôt. La loi de l'Union donne compétence à la chambre administrative de la Cour suprême de statuer sur les recours, en matière de réclamations relatives aux impôts, dirigés contre les jugements rendus par les tribunaux administratifs. L'article L.134 du livre des procédures fiscales, en Union des Comores, dispose que « lorsque la décision du directeur des impôts ne donne pas entière satisfaction au réclamant, celui-ci peut, dans le délai de deux mois à partir du jour où il a reçu notification de la décision, porter le litige devant le tribunal administratif, puis en appel devant la Cour suprême ».

III/ Juge en premier et dernier ressort

Dans cette hypothèse, la section administrative juge directement en premier et en dernier ressort certains actes administratifs. Cela signifie que certains recours contre certains actes administratifs sont portés directement devant la section administrative. Elle statue donc de manière directe sur certaines décisions administratives sans que celles-ci n'aient pas été examinées par les juridictions administratives du fond.

L'article 130 de l'ordonnance de 2019 relative à la Cour suprême a présenté une liste des décisions administratives faisant l'objet directement d'un recours devant la section administrative et sans passer par les juridictions du fond. Ainsi, la section administrative de la Cour suprême connaît directement :

- « Des recours pour excès de pouvoir dirigés contre les décrets » ; il s'agit des recours dirigés contre les décrets du président de l'Union des Comores. Ils sont directement déférés devant la section administrative de la Cour suprême ;
- « Des recours en interprétation et des recours en appréciation de la légalité des actes administratifs dont le contentieux relève de la Section » ; lorsque la section administrative a rendu une décision juridictionnelle, celle-ci peut être ambigüe et difficile à comprendre. De ce fait, les mêmes personnes ayant participé au procès peuvent ressaisir cette section administrative pour obtenir une bonne précision de sa décision ; il s'agit d'un recours en interprétation. Le recours en appréciation s'associe aux questions préjudicielles. Autrement dit, lorsque devant un procès, en cours de jugement devant une juridiction de l'ordre judiciaire, une question portant sur la légalité d'un acte administratif se pose, le juge judiciaire doit surseoir de statuer sur cette question en attendant que le juge administratif se prononce sur la question.
- « Des requêtes en règlement de juges dans le contentieux administratif » ; ici, lorsque plusieurs juridictions administratives se déclarent incompétentes, c'est à la section administrative qui va régler de juge.

L'ensemble de ces matières relèvent directement de la compétence de la section administrative, statuant en premier et en dernier ressort.

§ 2 – Les attributions consultatives de la section administrative de la Cour suprême

Outre ses fonctions contentieuses, la section administrative de la Cour suprême exerce des fonctions administratives. Elles se distinguent des fonctions contentieuses, en ce sens qu'elles sont exercées par cette section en sa qualité d'organe consultatif. Elle n'est plus un organe juridictionnel, mais plutôt un conseiller ; elle conseille.

Ces attributions consultatives lui permettent de participer à l'élaboration de certains textes émanant du pouvoir exécutif. Elle émet ainsi des avis.

I/Des consultations obligatoires

La Constitution prévoit des cas où la Cour suprême est consultée obligatoirement. Elle est donc consultée en vue d'émettre ses avis sur un texte provenant de l'exécutif ; projet de loi, ordonnance et règlement. L'article 156 de l'ordonnance de 2019 dispose que « la chambre consultative donne son avis (...) sur toutes les questions pour lesquelles son intervention est prévue par les dispositions constitutionnelles, législatives, règlementaires (...) ».

C'est le cas lorsque le président de l'Union met en œuvre ses pouvoirs exceptionnels qui découlent de l'article 55 de la Constitution. Avant de prendre ces « mesures exceptionnelles exigées par les circonstances », le président doit au préalable consulter la Cour suprême. C'est le cas lorsque des lois interviennent dans des domaines relevant du pouvoir règlementaire. L'article 92 de la Constitution précise que « ces textes (...) peuvent être modifiés ou abrogés par décret du président de l'Union, pris après avis de la Cour suprême, saisie par le gouvernement ».

Cela montre qu'à défaut de consulter la Cour suprême préalablement à l'édiction de l'acte, celui-ci peut être frappé d'irrégularité.

Par-delà la question de consultations, il y a deux sortes d'avis émis par la Cour suprême. Les uns sont facultatifs et ne lient pas les autorités administratives, les autres conformes et lient ces autorités. C'est le cas par exemple lorsque la Cour suprême est « consultée par les ministres de l'Union sur les difficultés qui s'élèvent en matière administrative. Cet avis a un caractère facultatif », selon l'alinéa 2 de l'article 156.

II/ Le cas où la consultation est facultative

La loi prévoit des cas où la Cour suprême est consultée à l'initiative de l'exécutif sur tout projet de loi, ordonnance et règlement. L'article 154 de l'ordonnance de 2019 dispose que « la chambre consultative participe à la confection des lois, ordonnances et règlement. Elle est saisie par le président de l'exécutif de l'Union des projets de textes ; elle propose les modifications de rédaction qu'elle juge nécessaires ».

Selon l'alinéa 2 de l'article 156, « elle peut être consultée par les ministres de l'Union sur les difficultés qui s'élèvent en matière administrative ». Sur ce fondement, la chambre consultative a été sollicitée par le ministre de l'Intérieur pour avis quant à la nécessité de mettre en place « un dispositif administratif transitoire pour gérer les affaires courantes en l'absence du renouvèlement des membres de la Commission Electorale Nationale indépendantes dont le mandat est arrivé à terme le 03 septembre 2020 ». Et par un avis rendu le 27 avril 2021 par la chambre consultative de la section administrative de la Cour suprême, cette dernière est d'avis « pour la mise en place par le ministre de l'Intérieur d'un organe administratif composé d'anciens membres de la Commission Electorale Nationale Indépendante en vue d'assurer provisoirement le fonctionnement de l'institution en attendant le renouvellement de ses membres ». Pour la chambre, « la nécessité d'assurer la continuité du service exige l'organisation, au sein de cette institution, d'un service minimum »[9].

III/ Les différents avis de la chambre consultative

La Consultation de la Cour suprême a pour but principal de recueillir ses avis. En étant consultée, elle donne ses avis sur les questions de projet de loi, ordonnances et règlements qui lui ont été soumises. Dès lors, il existe deux sortes d'avis.

Les uns ne lient pas les autorités administratives, lesquelles ne sont pas dans l'obligation de suivre les avis formulés par la chambre consultative, car ils sont facultatifs. Par exemple, l'alinéa 2 de l'article 156 dispose que lorsque la chambre consultative « est consultée par les ministres de l'Union sur les difficultés qui s'élèvent en matière administrative, cet avis a un caractère facultatif ». Il en va de même lorsqu'elle a été saisie pour consultation à l'initiative du gouvernement. Dans ce cas, les avis recueillis sont facultatifs et ne lient pas les autorités administratives.

Certains avis sont recueillis après que la chambre consultative ait été obligatoirement consultée. Et pourtant, il ne s'agit pas des avis conformes, mais plutôt facultatifs malgré le caractère obligatoire de la consultation. C'est le cas de l'article 55 de la Constitution consacrant les pouvoirs exceptionnels du président. Ces pouvoirs sont mis en œuvre après consultation de la Cour suprême. Toutefois, les avis recueillis ne lient pas le

---

9 Cour. sup., section administrative, ch. consultative, avis, 27 avril 2021, *ministre de l'Intérieur*, n° 008/2021.

président, en ce sens qu'il peut passer outre ses avis ; la raison en est qu'il s'agit là des pouvoirs propres du président de la République. Dans ce cadre, le président n'est invité qu'à recueillir les avis de la Cour suprême.

D'autres avis sont conformes. Autrement dit, elles s'imposent aux autorités administratives. Cela signifie que non seulement les autorités administratives sont invitées à consulter et recueillir des avis, mais aussi, elles sont tenues de suivre les avis formulés par la Cour suprême. Dans ce cadre, tous les textes subordonnant la publication des actes administratifs au respect des avis émis par la Cour suprême supposent que ces avis recueillis s'imposent aux autorités administratives.

Cependant, en droit français par exemple, il y a une distinction entre décret pris « après avis » et décret pris « en ». Les premiers sont facultatifs et les seconds sont conformes. Aux Comores, il semble que ce soit différent. Dès lors que le texte oblige l'avis avant publication, hormis le cas de l'article 55 de la Constitution, les avis recueillis deviennent conformes.

NB/

L'article 158 de l'ordonnance de 2019 dispose que : « le président et les membres de la section administrative ne peuvent siéger en chambre contentieuse dans les affaires pour lesquelles ils ont siégé en chambre consultative ».

CHAPITRE 4.

La gouvernance du procès administratif en droit de l'Union des Comores

L'essentiel

Le procès administratif est aussi gouverné par des principes qui s'imposent à la juridiction administrative de l'Union. Néanmoins, rappelons qu'à l'heure actuelle, les tribunaux administratifs ne sont pas encore installés. La loi sur leur organisation et fonctionnement n'est pas encore promulguée, bien qu'elle ait été adoptée depuis le 29 juin 2021. Il n'existe pas non plus des Cours administratives d'appel, mais plutôt des chambres administratives d'appel au sein des Cours d'appel. Dans ce chapitre, il sera question de présenter les textes qui déterminent les principes directeurs gouvernant le procès administratif.

De la même sorte que le procès civil qui est gouverné par des « principes directeurs »[1], le procès administratif est régi aussi par des principes fondamentaux. Rappelons que la justice est un service public et de ce fait, elle doit être assurée au service des citoyens. Pour y parvenir, des principes directeurs s'imposent. En effet, certains de ces principes découlent en partie de la Constitution (section 1). D'autres découlent à la fois de l'ordonnance du 19 octobre 2019 relative à la Cour suprême et

[1] V- l'intitulé du chapitre 1 du code de procédure civile des Comores issus de l'ordonnance n°01-011 du 19 juin 2001.

à la loi, n° 20-020/AU, relative à l'organisation judiciaire en Union des Comores du 12 décembre 2020 (section 2).

> *NB/*
>
> *En droit du contentieux administratif de l'Union, il n'existe pas à l'heure actuelle un code équivalent au code de justice administrative française. Celui-ci pose en effet les principes directeurs du procès administratif à travers les 11 premiers articles.*

SECTION 1 –
La gouvernance du procès administratif par la Constitution

La Constitution de l'Union des Comores consacre aussi une partie des principes directeurs du procès administratif. Ces principes s'imposent à la juridiction administrative et sont source du bon déroulement du procès administratif. En réalité, ces principes garantissent aussi les droits et libertés des administrés. Il s'agit du principe du délai raisonnable ($1) et du principe d'impartialité et d'indépendance ($2).

$1 – Le principe du délai raisonnable

Même si ce principe n'est pas défini par le droit de l'Union des Comores, il est toutefois reconnu par le Préambule de la Constitution et par la Constitution elle-même. D'abord, selon le Préambule de la Constitution, « le peuple comorien affirme solennellement sa volonté « [...] de marquer son attachement aux principes fondamentaux tels qu'ils sont définis [...] par la charte africaine des droits de l'Homme et des peuples ». Ainsi, la consécration de ce principe découle en premier de cette charte, elle-même, reconnue par le préambule et précisant que « toute personne a droit à ce que sa cause soit entendue. Ce droit comprend [...] le droit d'être jugé dans un délai raisonnable par une juridiction impartiale »[2].

Ensuite, la Constitution, elle-même, consacre ce principe du délai raisonnable. C'est un droit pour tous les citoyens. Selon son article 15, « le droit d'accès à la justice et à la défense est garanti à tous les citoyens, de même que le droit d'obtenir des tribunaux des décisions dans un délai raisonnable ». Par voie de conséquence, la juridiction administrative doit respecter ce principe. Et toute affaire dirigée devant elle doit être traitée et jugée sous un délai raisonnable. Cela dit, la juridiction administrative se doit d'être efficace et rapide dès l'instruction du dossier jusqu'à son jugement en vue de pouvoir statuer dans un délai non excessif[3] et donc raisonnable. Autrement dit, la juridiction, dès l'instant où elle a été saisie, doit être en mesure de mener l'instruction de façon rapide et efficace et éviter de faire traîner le dossier. Le but étant de protéger les droits et intérêts des justiciables. Mais rappelons que toutes les affaires ne se ressemblent pas. Certaines sont plus complexes que d'autres. D'où l'intérêt pour le juge chargé du dossier de tenir compte de ce principe à la lumière de la particularité de chaque affaire.

Notons aussi que la méconnaissance de ce principe peut donner lieu à des réparations surtout lorsqu'elle a causé des préjudices aux justiciables. Notons également qu'un délai déraisonnable de jugement peut porter atteinte aux droits et intérêts des justiciables et d'où l'obligation faite au juge de respecter ce principe.

À l'heure actuelle, la jurisprudence administrative n'a pas consacré ni abordé ce principe du délai raisonnable. Aucune

---

2 Article 7.1.d de la charte Africaine des droits de l'Homme et des Peuples.

3 Le délai excessif se manifeste à partir du moment où le juge fait trainer l'affaire sans motif valable ; des retards injustifiés, silence du juge, lenteur.

affaire traitée par le juge administratif n'a été en lien avec ce principe. Une telle situation s'explique par le fait qu'aucune juridiction interne ou régionale et, voire internationale n'a été saisie pour obtenir réparation pour non-respect de ce principe du délai raisonnable par une autre juridiction nationale.

> *NB/ En droit français*
>
> *Le Conseil d'État français a considéré que « le caractère raisonnable du délai de jugement doit s'apprécier de manière à la fois globale, compte tenu, notamment, de l'exercice des voies de recours et concrètes, en prenant en compte sa complexité, les conditions de déroulement de la procédure et, en particulier, le comportement des parties tout au long de celle-ci, mais aussi, dans la mesure où la juridiction saisie a connaissance de tels éléments. [...] ainsi, lorsque la méconnaissance du droit à un délai raisonnable de jugement leur aura causé un préjudice, ils peuvent obtenir la réparation du dommage ainsi causé par le fonctionnement défectueux du service public de la justice »*[4].

$2 – Le principe d'impartialité et d'indépendance

Toutes les juridictions de l'ordre administratif doivent rendre leurs décisions en toute impartialité et en toute indépendance. Il s'agit des principes constitutionnels qui s'imposent à ces juridictions.

I/ Le principe d'impartialité

Les décisions rendues par la juridiction administrative doivent être impartiales. La mission du juge étant celle de juger au regard de la loi – rappelons qu'il demeure la bouche de la loi-il doit statuer sans tenir compte ni de ses convictions personnelles, ni religieuses et ni familiales. Ce principe interdit aux juridictions administratives de faire primer une partie sur l'autre ou de privilégier une partie au détriment de l'autre.

---

4 CE, 28 juin 2002, *Magiera*, n° 239575.

C'est dans la Déclaration universelle des droits de l'Homme[5] et dans la Charte africaine des droits de l'Homme et des Peuples [6] [elles-mêmes reconnues par le Préambule de la Constitution de l'Union et donc de valeur constitutionnelle] que découle ce principe d'impartialité. Ce principe exige le respect d'égalité sans exception, et donc de traiter les parties sous un pied d'égalité. Rappelons que le juge administratif est le juge de la légalité administrative et donc juge de l'administration et non pour l'administration. Il doit en conséquence traiter l'administration de la même manière que le justiciable, à défaut, il serait partial. Pour la doctrine administrative, « est regardé comme partial celui dont la position est susceptible de reposer sur des motifs ou des considérations extérieurs de l'affaire, celui qui est, en quelque sorte, de parti-pris »[7].

II/ Le principe d'indépendance

L'ordre juridictionnel administratif est gouverné par ce principe d'indépendance. Il signifie que la juridiction administrative doit statuer sans subir aucune pression de la part des autres pouvoirs, exécutif et législatif. Aucune autre autorité ne doit participer à l'instruction d'une affaire transmise au juge administratif. Ce principe est donc essentiel à l'exercice de la fonction du juge administratif de l'Union. La Constitution de l'Union des Comores a consacré ce principe. L'article 94 précise

---

5 L'article 10 précise que « toute personne a droit, en pleine égalité, à ce que sa cause soit entendue équitablement et publiquement par un tribunal indépendant et impartial [...] ».

6 L'article 7.1.d précise que « toute personne a droit à ce que sa cause soit entendue. Ce droit comprend [...] le droit d'être jugé dans un délai raisonnable par une juridiction impartiale ».

7 Bertrand SEILLER, Mattias GUYOMAR – *Contentieux administratif*, Dalloz, coll. Hyper Cours, 5e éd., 2019, p. 375.

que « le pouvoir judiciaire est indépendant, du pouvoir législatif et du pouvoir exécutif. Il s'exerce par la Cour suprême et les autres Cours et tribunaux ».

Avec ce principe, c'est aussi la garantie d'un procès équitable. Précisons que la juridiction administrative est celle chargée de juger l'administration. Il est donc évident qu'en ne recevant aucune instruction émanant de l'exécutif, c'est aussi un moyen d'égaler les parties, l'administration et les administrés. Ainsi, le juge administratif n'est pas là pour donner raison à l'administration, il est là pour juger l'administration. Puis ce principe d'indépendance lui permet de rendre des décisions sur le fondement de la loi et non sur la base d'une instruction qu'il aurait pu recevoir de l'exécutif. En réalité, le principe d'indépendance garantit la liberté du juge administratif, laquelle va lui permettre de statuer sans aucune pression extérieure.

SECTION 2 –
La gouvernance du procès administratif par la loi

Le législateur a aussi consacré des principes qui gouvernent le procès administratif. On retrouve presque les mêmes principes que ceux consacrés par la Constitution de l'Union. En effet, la nouvelle loi, n° 20-020/AU, relative à l'organisation judiciaire du 2 décembre 2020 a consacré plusieurs principes ; le principe d'impartialité, du délai raisonnable [8], et d'indépendance[9]. En revanche, le législateur aurait pu apporter

---

[8] L'article 6 de cette loi précise que « les décisions sont rendues en toute impartialité, dans un délai raisonnable, conformément au texte régissant la matière ».

[9] L'article 7 de cette même loi dispose que « les juges ne sont soumis dans l'exercice de leur fonction qu'à l'autorité de la loi. Les juges ne doivent faire l'objet d'aucune pression de quelque nature que ce soit, dans

plus de précisions, mais il ne l'a pas fait. Il s'est contenté simplement de les consacrer sans même les définir. Or, il aurait pu être plus clair dans la consécration desdits principes. Attendons de voir si la jurisprudence prendra le soin de les définir.

Par-delà les principes cités, le législateur a consacré le principe du contradictoire ($1). Il a aussi exigé que des décisions du juge soient motivées ($2).

$1 – Le principe du contradictoire

Que ça soit dans l'ordonnance relative à la Cour suprême de 2019 ou dans la nouvelle loi relative à l'organisation judiciaire en Union des Comores de 2020, la juridiction de l'ordre administratif est soumise au respect du principe du contradictoire. Il est écrit qu'« en toute matière, nul ne peut être jugé sans être mis en mesure de présenter ses moyens de défense »[10]. Suivant cette logique, le principe du contradictoire suppose le droit de faire connaître ses allégations. Il est donc obligatoire pour le juge administratif de permettre à chacune des parties de pouvoir faire connaître ses prétentions. C'est le principe même du contradictoire, celui de permettre les parties au procès de s'exprimer.

On l'observe très bien à travers l'ordonnance du 19 octobre 2019 relative à la Cour suprême[11]. Même si cela concerne la

---

l'exercice de leurs fonctions ou à l'occasion de l'exercice de leurs fonctions ».

[10] Article 12 de la loi du 2 décembre 2020 relative à l'organisation judiciaire en Union des Comores.

[11] Selon l'article 136 de ladite ordonnance, « le conseiller-rapporteur prescrit la notification par ministère d'huissier ou par tout moyen laissant trace à toutes les parties intéressées et fixe le délai dans lequel les mémoires

section administrative de la Cour suprême, cela pourrait bien s'appliquer aux juridictions du fond, c'est-à-dire au tribunal administratif et devant les juridictions d'appel. En effet, le législateur-délégué a pris le soin de permettre à chacune des parties de faire connaître ses prétentions par le biais d'un mémoire en défense et par le biais d'un mémoire en réplique. C'est une faculté offerte à chacune des parties de pouvoir contredire, par le biais d'un mémoire, les arguments de l'autre partie adverse.

Mais le principe du contradictoire, c'est aussi le droit de connaître et d'être informé. Et l'ordonnance de 2019 relative à la Cour suprême le précise clairement. On lit dans l'article 136 alinéa 2 que « les parties ou leurs mandataires peuvent prendre connaissance au greffe des pièces de l'affaire ou en faire copie ». C'est donc à travers le greffe que les parties peuvent prendre connaissance des arguments avancés.

Par ailleurs, l'ordonnance de 2019 relative à la Cour suprême laisse au président de la section administrative le soin de décider la fin de l'instruction. Ici, le législateur-délégué ne précise pas si la fin de l'instruction est liée ou non à l'absence d'une nouvelle pièce à l'appui de chaque mémoire de défense ou en réplique. L'article 139 de ladite ordonnance précise simplement que « lorsqu'il apparaît, au vu de la requête introductive d'instance, que la solution de l'affaire est d'ores et déjà certaine, le président peut décider qu'il n'y a pas lieu à instruction et transmettre le dossier au ministère public avant la mise au rôle ».

---

en défense, accompagnés de toutes pièces utiles, devront être déposés au greffe ». Et selon l'article 137, « dans la quinzaine de la notification des mémoires en défense, le demandeur peut déposer un mémoire en réplique, à moins que le président ne fixe des délais différents, en raison des circonstances de l'affaire ».

En réalité, le respect du principe du contradictoire permet de garantir l'égalité des parties. Puisque dans ce cas-là, les parties disposeront des mêmes armes et outils qui sont leurs mémoires.

$2 – L'obligation de motiver les décisions rendues par le juge administratif

Selon la doctrine administrative, « la motivation de la décision renvoie clairement à l'impératif de la loyauté du juge vis-à-vis des parties : en justifiant sa solution, le premier donne à comprendre aux secondes les tenants et aboutissants du jugement. Il doit faire apparaître précisément les motifs qui sont le soutien nécessaire du dispositif de sa décision »[12]. Cette exigence de motivation prouverait la transparence des décisions rendues par le juge administratif. Autrement dit, plus le juge motive ses décisions, plus les parties prendront connaissance des fondements sur lesquels s'appuyaient ces décisions. L'article 33 alinéa 2 issu de la nouvelle loi portant organisation judiciaire en Union des Comores dispose que « dans tous les cas, les jugements ou les arrêts qui interviennent sont, en toute matière, prononcés publiquement et doivent être motivés sous peine de nullité ».

Dans la même veine, l'alinéa 4 de l'article 5 de l'ordonnance du 19 octobre 2019 relative à la Cour suprême dispose que « les arrêts de la Cour suprême sont motivés. Ils contiennent l'énoncé succinct des moyens et visent les dispositions légales appliquées ».

---

[12] Bertrand SEILLER, Mattias GUYOMAR – *Contentieux administratif*, Dalloz, coll. HyperCours, 5e éd., 2019, p.406.

DEUXIÈME PARTIE.

LA PROCÉDURE ADMINISTRATIVE EN DROIT DE L'UNION DES COMORES

CHAPITRE 5.

Les recours et les conditions de recevabilité

L'essentiel

Les décisions administratives sont contestables. D'abord, elles sont contestables devant l'administration ; recours administratifs. Ensuite, elles sont contestables devant les juridictions administratives ; recours juridictionnels. Toutefois, des conditions de recevabilité sont exigées. En effet, tous les recours dirigés devant le juge administratif ne sont pas forcément recevables. Dans ce chapitre, il est question d'aborder les différentes sortes de recours existants en la matière et puis de traiter la question portant sur les conditions de recevabilité des recours dirigés contre les actes administratifs devant la juridiction administrative de l'Union des Comores.

Le principe de légalité en droit administratif est défini comme étant la soumission des décisions édictées par l'administration au respect de la règle de droit. Quand bien même ces décisions bénéficient « du privilège du préalable »[1], qui s'explique par le fait que les personnes publiques disposent d'une « prérogative de réaliser elle-même ses droits par ses propres moyens et sans avoir recours à l'autorisation préalable d'un juge »[2], le risque de violer la loi ne manque pas. Par voie de

---

1 V– Pierre-Laurent FRIER, Jacques PETIT – *Droit administratif*, 9e éd., LGDJ, 2014, p.309.

2 Maurice HAURIOU – *Précis de droit administratif*, Sirey, 1921, p.353 à 394.

conséquence, les administrés ont la possibilité de contester les décisions administratives. Ainsi, toutes les décisions administratives sont en principe contestables. Et le droit positif de l'Union donne la possibilité aux administrés de pouvoir contester les décisions prises par les autorités administratives. Et deux manières s'ouvrent à eux. En effet, les décisions administratives peuvent faire l'objet d'un recours soit devant l'administration, par le biais des recours administratifs, soit devant le juge, par le biais des recours juridictionnels (section 1).

Cependant, pour aller devant le juge administratif, des conditions de recevabilité sont exigées (section 2), car à défaut, le recours sera déclaré irrecevable.

SECTION 1 –
Les recours dirigés contre les décisions administratives

Les décisions administratives ne bénéficient pas d'une immunité juridictionnelle. Elles peuvent faire l'objet d'une contestation devant le juge en vue de leur annulation. Toutefois, par-delà la contestation devant le juge, il arrive que la loi impose d'exercer, au préalable, un recours devant l'autorité administrative elle-même. Cependant, en dehors des recours administratifs obligatoires, les administrés peuvent aussi contester les décisions administratives devant l'administration par le biais d'un recours administratif facultatif.

Cela dit, il y a deux sortes de recours ouverts contre les décisions prises par les autorités administratives : les recours administratifs (§ 1) et les recours juridictionnels (§ 2).

§ 1 – Les recours administratifs

Les recours administratifs sont des recours dirigés contre les actes administratifs devant l'administration elle-même. Tout administré, qui n'est pas d'accord avec une décision administrative, peut se diriger vers l'administration pour obtenir d'elle la modification ou l'annulation de ladite décision. Ce type de recours peut prendre la force d'un recours administratif, gracieux ou hiérarchique. Le premier est adressé devant l'autorité auteure de la décision, tandis que le second est dirigé devant l'autorité supérieure à celle qui a édicté la décision.

Cela dit, le recours administratif a pour but de saisir l'administration afin que celle-ci revienne sur sa décision. Cela signifie donc que ce recours est adressé à l'administration – soit auteure de l'acte, soit à l'auteure supérieure de celle-ci -, qui a agi en sa qualité d'autorité administrative.

En principe, le recours administratif est facultatif (1). Toutefois, dans certains cas, ce recours administratif est obligatoire avant de pouvoir saisir le juge administratif (2). Autrement dit l'on ne peut saisir le juge sans avoir exercé ce recours administratif obligatoire.

I/ Le recours administratif facultatif

Le recours administratif facultatif (RAF) est un recours non obligatoire adressé à l'administration, soit l'auteure de la décision, soit à son autorité hiérarchique. Il n'est pas obligatoire dans le sens où aucun texte ne l'exige. L'administré peut s'en passer et se diriger directement devant l'autorité juridictionnelle en vue de la contestation de la légalité de la décision administrative. Le RAF est un recours administratif de droit commun sans base textuelle. Le destinataire d'une décision administrative a la possibilité, s'il le souhaite, de saisir l'administration, auteure de l'acte contesté (recours gracieux) ou à l'autorité supérieure hiérarchique (recours hiérarchique).

C'est donc un recours sans texte. Mais il est à noter que ni le législateur ni le juge de l'Union n'ont évoqué ce recours administratif facultatif. Il reste dans l'usage que les administrés ont l'habitude de saisir l'administration, auteure de l'acte contesté ou de l'auteure hiérarchique, afin qu'elle revienne sur sa décision. Le juge administratif de l'Union ne l'a pas évoqué comme l'a fait, par exemple, le juge administratif français. Et de ce fait, à la différence du RAPO, le RAF ne conditionne pas la saisine du juge administratif.

NB/

En France, par exemple, ce principe a été rappelé par le juge administratif. Dans un arrêt rendu le 23 mars 1945, le Conseil d'Etat a considéré que « les particuliers ont toujours la faculté, sauf si des législations spéciales ont créé des procédures particulières, de porter d'abord leur réclamation contre un acte administratif devant l'auteur de cet acte ou devant le ministre, supérieur hiérarchique » : CE, sect., 23 mars 1945, Vinciguerra, Rec., p.56.

La loi n° 2000-321 du 12 avril 2000 portant sur les droits des citoyens dans leurs relations avec l'administration, à son article 18, dispose que « sont considérées comme des demandes au sens du présent chapitre les demandes de réclamation, y compris les recours gracieux et hiérarchiques, adressées aux autorités administratives »

II/ Le recours administratif préalable obligatoire (RAPO)

Le recours administratif préalable obligatoire est aussi un recours administratif exercé auprès de l'administration. À la différence du RAF, le RAPO est exigé avant de pouvoir exercer un recours contentieux devant le juge administratif. Autrement dit, l'exerce d'un recours contentieux demeure irrecevable si aucun recours administratif préalable obligatoire n'a été préalablement exercé. En effet, certains textes de l'Union prévoient l'obligation de saisir d'abord l'administration avant de porter l'affaire devant le juge administratif. À défaut, le recours devant le juge est irrecevable.

C'est le cas en matière de contestation des décisions relatives à la passation des contrats des marchés publics et des délégations de service public. Le cocontractant de l'administration estimant qu'il a été lésé par une décision portant passation d'un des contrats de la commande publique – marché public ou délégation du service public- peut exercer soit un recours gracieux devant l'auteur de la décision ou un recours hiérarchique auprès de l'autorité supérieure. C'est ce qui ressort de l'alinéa 1 de l'article 168 de la loi, n° 11-027/ AU, du 29 décembre 2011 portant passation des marchés publics et délégation des services publics qui permet d'exercer un « recours devant la personne responsable du marché ou son autorité hiérarchique » et selon son alinéa 2, « à l'encontre des procédures utilisées et des décisions rendues à l'occasion de la procédure de passation leur causant préjudice [...] ». Ce recours est obligatoire, en ce sens, que cette loi consacre le droit à un recours effectif auprès des autorités contractantes. Son article 167 dispose que « les candidats et soumissionnaires ont droit à un recours effectif dans le cadre des procédures de passation des marchés et délégation de service public à l'encontre des actes de décisions des autorités contractantes qui leur ont créé un préjudice ».

Il en va de même pour le contentieux de l'exécution des contrats de la Commande publique. La loi du 29 décembre 2011 sur les marchés publics et délégations du service public consacre ce RAPO avant toute saisine du juge administratif. L'article 177 précise que « les titulaires de marchés publics ou de délégations de service public doivent préalablement introduire un recours auprès de l'autorité contractante ou auprès de son autorité hiérarchique aux fins de rechercher un règlement amiable aux différends et litiges les opposant à l'autorité contractante en cours d'exécution du marché ou de délégation ».

C'est le cas également des réclamations relatives aux impôts, taxe et pénalité. L'article 131 du livre des procédures fiscales, issu de la loi n° 11-07 du 3 mai 2011, portant code général des impôts, dispose que « le contribuable qui se croit imposé à tort ou surtaxé peut en faire la réclamation au directeur général des impôts par écrit, dans un délai de soixante jours à partir de la date d'émission de l'avis de mise en recouvrement ou de la connaissance certaine de l'imposition, lequel dispose d'un délai de trente jours pour répondre ».

Ce recours administratif préalable obligatoire conditionne donc la saisine du juge administratif. C'est aussi une manière permettant aux parties – administration et administré- , de régler directement le conflit afin d'éviter le contentieux.

Par ailleurs, à la lecture de la loi, en attente d'une promulgation, du 29 juin 2021, portant organisation et fonctionnement des tribunaux administratifs, l'on comprend que les recours administratifs préalables sont obligatoires. Autrement dit, sauf modification et sous réserve de sa promulgation, la loi du 29 juin 2021, portant organisation et fonctionnement des tribunaux administratifs, va rendre obligatoires les recours administratifs préalables avant de saisir le juge administratif. L'article 29 de ladite loi précise que « le recours devant le Tribunal administratif en annulation ou en reformation contre une décision d'une autorité administrative ou d'un acte administratif illégal n'est recevable, que dans le délai de 4 mois suivant le rejet d'un recours administratif préalable, gracieux ou hiérarchique, en annulation ou en reformation de ladite décision ou dudit acte, adressé à l'autorité auteure de l'acte attaqué ou à l'autorité supérieure à celle de l'auteur de l'acte ».

§ 2 – Les recours juridictionnels

À l'heure actuelle, le droit positif de l'Union des Comores a consacré plusieurs sortes de recours juridictionnels qui peuvent être exercés devant la juridiction administrative. Mais l'ensemble de ces recours sont identifiables à travers des textes épars. Il n'existe aucun code rassemblant tous ces recours dans un seul texte. D'où l'important de créer un code de procédure administrative.

Cela dit, à la lecture de plusieurs lois, l'on comprend qu'il y a plusieurs types de recours pouvant être exercés devant le juge administratif de l'Union ; le recours pour excès de pouvoir (1), le recours ouvert contre les contrats de la commande publique (2), le recours indemnitaire (3), le recours en interprétation et des recours en appréciation de la légalité des actes dont le contentieux relève de la section administrative (4), des requêtes en règlement des juges dans les contentieux administratifs (5).

I/ Le recours pour excès de pouvoir

Le recours pour excès de pouvoir (REP) est un recours dirigé contre un acte administratif en vue d'obtenir son annulation pour violation de la règle de droit. Comme le mot l'indique, il s'agit d'un recours dirigé contre une décision administrative prise dans l'excès. À la lecture des textes de l'Union, ce sont seulement les actes administratifs unilatéraux qui peuvent faire l'objet du REP. Autrement dit, le REP est ouvert contre uniquement les actes administratifs unilatéraux. La nouvelle loi relative à l'organisation judiciaire en Union des Comores du 12 décembre 2020, n° 20-020, dispose que « le tribunal administratif connaît en premier ressort des recours en annulation pour excès de pouvoir formés contre les décisions règlementaires ou individuelles des autorités administratives ou de toute autre personne de droit public ». Ainsi, la contestation des actes administratifs unilatéraux, comme les actes relatifs à l'ordre public, est contestable par la voie du REP.

La nouvelle loi, adoptée en séance plénière le 29 juin 2021 portant organisation et fonctionnement des Tribunaux administratifs – rappelons que cette loi n'est pas encore en vigueur vu qu'elle n'est pas encore promulguée -, précise, à son article 19, qu'on puisse diriger « des recours en annulation pour excès de pouvoir formés contre les décisions règlementaires ou individuelles des autorités administratives ou de toute autre personne morale de droit public » devant le tribunal administratif.

NB/

En droit positif français, contrairement en droit positif de l'Union des Comores, le juge administratif français a pris le soin de préciser que seuls les AAU sont contestables par la voie du REP. Pour la simple raison que ce type de recours est un recours objectif ne visant que l'annulation de l'acte contesté pour illégalité. Ainsi, les actes administratifs contractuels ne peuvent faire l'objet d'un REP. Dès lors, seules « les dispositions [qui] ont un caractère réglementaire [...] peuvent être contestées devant le juge de l'excès de pouvoir »[3].

En effet, plusieurs textes de l'Union montrent que le REP est ouvert contre les actes administratifs unilatéraux. L'article 24 de la loi du 7 avril 2011, portant décentralisation au sein de l'Union des Comores, n° 11-005/AU, dispose que « toutes les délibérations des Conseils peuvent faire l'objet d'un recours pour excès de pouvoir ». Ces délibérations sont prises de manière unilatérale par le Conseil communal. Ce dernier ne peut signer des contrats, mais simplement autoriser, comme le précise l'article 9.13 de ladite loi, « la signature des marchés, contrats et

[3] CE, 10 juillet 1996, *Cayseele*, n° 138536.

conventions ». Ces autorisations sont purement des actes administratifs unilatéraux. De ce fait, ils sont susceptibles de contestation par la voie du REP devant le juge administratif.

C'est le cas, également, de l'ordonnance du 19 octobre 2019, n° 19-003, relative à la Cour suprême qui a pris le soin d'indiquer que le REP est ouvert contre les décrets du président de l'Union. Ces décrets sont, en principe, des actes administratifs unilatéraux puisqu'un décret ne peut être un acte contractuel. L'article 130 de ladite ordonnance précise que « la section administrative connaît en premier et dernier ressort des recours pour excès de pouvoir dirigés contre les décrets ».

NB/

En droit du contentieux administratif français, le juge administratif a pris le soin de préciser que le REP est ouvert contre tous les actes administratifs, même sans base textuelle. Dans son arrêt en date du 17 février 1950, le Conseil d'État a considéré que le REP « [...] est ouvert même sans texte contre tout acte administratif [...][4]*. Autrement dit, dès lors qu'il s'agit d'un acte administratif faisant grief et normateur, il demeure contestable, par le biais d'un REP, devant le juge administratif.*

II/ Le recours contre les contrats de la commande publique

Le recours contre les contrats de la commande publique est différent de celui relevant de l'excès de pouvoir. Pour ces derniers, le juge ne peut que prononcer l'annulation de l'acte administratif contesté pour illégalité. Néanmoins, pour les recours contre les contrats de la commande publique, l'on parle de nullité. À ce propos, le professeur JULIEN-LAFERRIÈRE explique que « le juge [du contrat] ne peut que constater l'irrégularité ou la nullité d'un contrat, ou encore les fautes commises par l'une ou l'autre partie dans son exécution, et en

4 CE, 17 février 1950, *Dame Lamotte*, n° 86949.

tirer les conséquences pécuniaires si elles ont causé un préjudice au cocontractant »[5]. La loi comorienne dispose que « tout contrat obtenu, ou renouvelé au moyen de pratiques frauduleuses ou d'acte de corruption, ou à l'occasion de l'exécution de laquelle des pratiques frauduleuses et des actes de corruption ont été perpétrés, est entaché de nullité »[6].

Ainsi, tout contrat conclu par une personne publique et portant soit sur un marché public, soit sur une délégation de service public peut être contesté devant le juge administratif. La nouvelle loi, portant sur l'organisation judiciaire en Union des Comores, précise que le juge administratif, statuant en premier ressort, connaît « les litiges relevés à l'occasion de contrats conclus (...) entre des personnes morales de droit public ou ceux nés de l'exécution d'un service public dépendant du gouvernement ou de toute autre personne morale de droit public ».

Il faut noter, par ailleurs, qu'en matière de contrat public, la loi de l'Union parle de nullité et s'abstient de parler d'annulation. Idem, la jurisprudence de l'Union est silencieuse en la matière ; l'on attend de voir et d'observer l'évolution de la jurisprudence de l'Union sur cette question. Mais l'on peut considérer que tout acte administratif contractuel irrégulier est aussi illégal et de ce fait, l'on peut obtenir son annulation. Puisque l'annulation intervient pour sanctionner les faits postérieurs à la formation du contrat. Rappelons que la nullité se distingue de l'annulation. La première sanctionne la faute commise lors de la formation du contrat, autrement dit l'action ayant conduit de façon irrégulière à la formation du contrat. Dans ce cas, en cas de nullité, le contrat

---

5 François Julien-Laferrière – « La recevabilité des recours » - Dalloz Professionnels Pratique du contentieux administratif, Dossier 220, 2018, pt. 642.

6 Article 188 de la loi n° 11-027/ AU du 29 décembre 2011, portant passation des marchés publics et délégations de service public.

est rétroactivement anéanti. Quant à l'annulation, elle intervient pour sanctionner les manquements postérieurs aux obligations du contrat, c'est-à-dire, pour sanctionner les irrégularités commises après la formation du contrat.

NB/

En droit du contrat administratif français, il est possible, pour les parties au contrat, d'obtenir de la juridiction administrative, non seulement la nullité du contrat, mais aussi l'annulation du contrat. En effet, depuis 2009, la Haute juridiction administrative française a permis aux parties au contrat d'obtenir aussi son annulation[7]. Jusqu'en 2009, elles ne pouvaient qu'obtenir la nullité[8].

En droit positif de l'Union, il existe donc un recours contre les contrats de la commande publique. On attend par commande publique, les contrats que l'administration, agissant en sa qualité d'autorité administrative, ait conclus en vue de répondre à ses besoins d'intérêt général. Ces contrats de commande publique sont, au sein de l'Union, au nombre de deux : les contrats de marchés publics et les contrats de délégations de service public[9]. Ainsi, la contestation desdits contrats se fait par voie du recours contractuel différent des recours exercés contre les contrats privés. À ce propos d'ailleurs, selon la Cour suprême, statuant en matière civile, « un contrat signé entre un maire et la société ADC, pour des travaux d'électrification d'un village, est un contrat de droit public obéissant aux règles du droit public. [...] Que les juridictions civiles ne sont pas compétentes »[10]. Aussi, dans son arrêt

7 CE, 28 décembre 2009, *Commune de Béziers*, n° 304802.

8 CE, 29 novembre, 2000, *Commune de Païta*, n° 205143.

9 V- Article 1er de la loi, n°11-027/AU du 29 décembre 2011, portant passation des marchés publics et délégations de service public.

10 Cour. sup., section judiciaire, ch. civ, 28 juin 2018, *Communauté villageoise de Nioumadzaha Mvoumbari*.

« Succession de feu Charif Houseine », la Cour suprême, statuant en matière civile, considéra que « l'administration peut signer des contrats de droit privé qui se différencient du contrat administratif par l'absence d'une qualification de contrat administratif, par un texte législatif ou réglementaire, ou cumulativement lorsque l'administration ne dispose pas pour accompagner ce contrat, de clauses exorbitantes du droit commun et ne visent pas l'exécution d'un service public »[11].

Dès lors, ces recours sont des recours contractuels dirigés contre l'ensemble des contrats de la commande publique devant le juge administratif du contrat. L'article 178 de la loi n° 11-027/ AU du 29 décembre 2011, portant passation des marchés publics et délégations de service public dispose que « tout litige qui a fait préalablement l'objet d'un recours gracieux ou hiérarchique et qui n'a pas été réglé amiablement dans les trente jours ouvrables suivant l'introduction du recours, sera porté, conformément au droit et aux stipulations contractuelles applicables, devant les juridictions compétentes (...) ». Les juridictions dont il s'agit sont les juridictions administratives.

III/ Le recours indemnitaire

En droit positif de l'Union, il existe des recours indemnitaires visant à obtenir réparation du préjudice causé par l'action administrative. Autrement dit, l'administration doit être à l'origine du préjudice. Par voie de conséquence, la compétence relèvera de la juridiction administrative dès lors que l'administration a agi en qualité d'autorité administrative. En réalité, dès lors que la responsabilité administrative est établie, ce type de recours est recevable.

---

[11] Cour. sup., section judiciaire, ch. civ, 29 aout 2019, *Succession de feu Charif Housseine*.

La nouvelle loi, portant organisation judiciaire, précise que le tribunal administratif « connaît en premier ressort (...) des actions en réparation des dommages causés par les actes ou les activités des personnes publiques, à l'exclusion de ceux causés sur la voie publique par un véhicule appartenant à une personne publique ».

En matière contractuelle par exemple, la loi du 29 décembre 2011 et relative aux contrats des marchés publics et de délégation de service public, à son article 187, dispose que « toute personne qui aura subi un dommage résultant d'un acte de corruption ou d'une violation des dispositions de la présente loi est recevable à intenter une action en indemnisation contre l'État et toute autre personne physique ou morale impliquée, en vue d'obtenir la réception de l'intégralité de ce préjudice, cette réparation pouvant porter sur les dommages patrimoniaux déjà subis, le manque à gagner et les préjudices extrapatrimoniaux ».

IV/ Le recours en interprétation et des recours en appréciation de la légalité des actes dont le contentieux relève de la section administrative

Ce recours prévu à l'article 130 de l'ordonnance du 19 octobre 2019, relative à la Cour suprême. Selon cet article, « la section administrative connaît en premier et en dernier ressort [...] des recours en interprétation et des recours en appréciation de la légalité des actes dont le contentieux relève de la Section ».

Il est aussi prévu par la nouvelle loi portant organisation judiciaire en Union des Comores. On y lit que « le tribunal administratif connaît en premier ressort (...) des recours sur renvoi des juridictions de l'ordre judiciaire, pour interprétation et appréciation de la légalité d'un acte litigieux dont elles sont saisies ».

Le recours en interprétation des actes administratifs est un recours visant à obtenir du juge administratif le sens d'un acte administratif. Mais contrairement aux autres recours cités plus haut, concernant ce recours en interprétation, le juge ne tranche pas le litige. Il donne son avis sur une question donnée.

Le recours en appréciation de la légalité administrative est un recours exercé dans le cadre d'une question préjudicielle. Autrement dit, lorsqu'un litige est porté devant la juridiction de l'ordre judiciaire et qu'au cours de l'instance, cette dernière est confrontée à une question relevant de la compétence du juge administratif, c'est-à-dire à une question concernant la légalité des actes administratifs, le juge judiciaire, saisi au principal, doit surseoir à statuer et renvoyer ladite question devant le juge administratif, laquelle doit apprécier la légalité de cet acte. Et sans cette appréciation, le juge judiciaire ne peut statuer sur le fond de l'affaire en attendant l'appréciation du juge administratif, puisqu'à noter que depuis la constitution de 2001, le principe consacré est celui du dualisme juridictionnel.

SECTION 2 – Les conditions de recevabilités du recours contentieux devant le juge administratif

Bien que les actes administratifs demeurent contestables devant le juge, tout recours exercé contre ces actes n'est pas forcément recevable. Le juge administratif de l'Union vérifie d'abord si les conditions de recevabilité sont réunies. À défaut, il déclare, par le biais d'une ordonnance, le rejet du recours.

Par exemple, la loi sur l'organisation et sur le fonctionnement des tribunaux administratifs, rappelons que cette loi n'est pas encore promulguée et donc pas encore en vigueur, précise que, à son article 32, « lorsque la règlementation en vigueur prévoit une procédure spéciale de recours administratif préalable, le recours devant le tribunal administratif n'est recevable qu'après l'accomplissement de ladite procédure ». Dans ce cas de figure, le juge sera amené à contrôler si l'administré a, au préalable, exercé ce recours administratif préalable avant de saisir le juge administratif. Dans le cas contraire, le juge sera tenu de déclarer le recours irrecevable.

NB/
Il est important de rappeler qu'en droit du contentieux administratif de l'Union des Comores, la difficulté tient au fait que les dispositions relatives à la juridiction administrative viennent des textes épars. Et souvent imprécises, ces dispositions n'apportent pas assez de réponses quant à la question portant sur le fonctionnement et l'organisation de l'ensemble des juridictions administratives de l'Union. Les tribunaux administratifs ne sont pas encore installés. Les Cours administratives d'appel n'existent pas, et ce sont les Cours d'appel qui exercent le rôle des juridictions administratives d'appel par les biais d'une ou de plusieurs chambres administratives. De plus, aucun texte ne prévoit ni leur mode de fonctionnement ni leur organisation. Il n'y a que la Cour suprême qui est consacrée et installée de manière effective, avec parfois quelques lacunes. Mais sans doute, cette matière reste une matière en pleine évolution ; le contentieux administratif est amené à se développer.

Rappelons que contrairement aux actions menées devant les juridictions de l'ordre judiciaire, lesquelles sont faites par la voie d'assignation[12], les juridictions de l'ordre administratif sont saisies uniquement par la voie d'une requête. Dès lors, le juge administratif de l'Union vérifie les conditions de recevabilité tenant à la nature de l'acte ($1), celles tenant à l'auteur du recours ($2) et celles tenant au délai de recours ($3).

12 L'article 55 du code de procédure civile de l'Union dispose que « (...), la demande initiale est formée par assignation (...) ».

$1 – Les conditions de recevabilité tenant à la nature de l'acte

Tout acte de l'administration ne peut faire l'objet d'une contestation devant le juge administratif (1). Cela dit, seule une partie de ses actes demeure contestable devant le juge administratif (2). Ces derniers sont, quant à leur nature, des actes administratifs. En effet, il faut faire la différence entre acte administratif et acte de l'administration. Tous les actes administratifs sont des actes de l'administration. En revanche, tous les actes de l'administration ne sont pas tous des actes administratifs. Parmi ces actes de l'administration, on retrouve des actes privés de l'administration ; ces actes, quand bien même ils émanent de l'administration, ne sont pas attaquables devant le juge administratif.

I/ Des actes de l'administration insusceptibles de recours devant le juge administratif

Les actes de l'administration ne sont pas tous susceptibles de recours devant le juge administratif. Certains actes échappent au contrôle du juge, soit parce qu'ils sont inattaquables, soit parce que leur contrôle relève de la compétence d'une autre juridiction.

D'abord, il y a des actes de l'administration qui sont inattaquables. Ces types d'actes bénéficient d'une immunité juridictionnelle, en ce qu'ils ne peuvent être contrôlés devant aucun juge. Dans son arrêt rendu en 2018[13], la Cour suprême a considéré que « le décret du président de l'Union, pris en conseil de ministre et convoquant le collège électoral en vue d'un référendum constitutionnel, est un acte purement politique qui

---

[13] Cour. sup., section constitutionnelle et électorale, ch. élec, 26 juin 2018, *Akram Said Mohamed.*, n° 18-002.

échappe à l'appréciation du juge »[14]. Cet arrêt signifie qu'aucun juge ne peut contrôler les actes à caractère politiques. Par ailleurs, l'on ne peut s'en empêcher de faire du droit comparé en évoquant un arrêt de la Haute juridiction administrative française datant de 1875 'Prince Napoléon'[15], lequel a, de manière implicite, consacré la théorie des actes du gouvernement. Cette théorie a été par la suite consacrée explicitement par le Conseil d'État[16].

Ensuite, il y a des actes de l'administration qui échappent au contrôle du juge administratif de l'Union au motif que ces actes sont contrôlés par d'autres juridictions ; une sorte de dépossession des compétences appartenant aux juridictions administratives au profit des autres juridictions. C'est le cas lorsque les actes de l'administration contestés sont en rapport avec des opérations électorales[17]. C'est le cas aussi en matière de voie de fait qui donne compétence au juge de l'ordre judiciaire[18]. Aussi, avant la révision constitutionnelle de 2018, l'ancienne Cour constitutionnelle considérait que tout acte de

---

14 Il faut noter que cet arrêt de la Cour suprême a été rendu à une époque où ladite Cour intervenait à la place de l'ancienne Cour constitutionnelle. Les attributions de celle-ci ont été conférée provisoirement à la Cour suprême par une décision du président Azali en date du 12 avril 2018 'constatant le non-fonctionnement de la Cour constitutionnelle et transférant provisoirement sa compétence à la Cour suprême'.

15 CE, 19 février 1875, *Prince Napoléon*, n° 46707.

16 CE, 29 novembre 1968, *Tallangrand*, n° 68938. Selon le juge, « les agissements et les décisions (...) sont indissociables de l'action menée par le Gouvernement français (...). Que dès lors (...), les conclusion sus analysées soulèvent une question qui n'est pas susceptible, par sa nature, d'être portée devant la juridiction administrative ».

17 Article 194 de l'ordonnance n° 19-003, du 19 octobre 2019, relative à la Cour suprême.

18 Cour. sup., section judiciaire, ch. civ, 29 octobre 2019, *succession du feu Charif Houssein*.

l'administration provoquant ainsi un conflit de compétence entre l'Union et les îles relevait de sa compétence[19].

Dès lors, le contrôle des actes de l'administration n'est pas exclusif au juge administratif. Puisque d'autres juridictions peuvent assurer ce contrôle. Autrement dit, la compétence de la juridiction de l'ordre administratif de l'Union des Comores demeure une compétence très limitée seulement à une partie des actes de l'administration.

> *NB/*
>
> *En France, plusieurs actes de l'administration échappent aussi au contrôle du juge administratif. Ainsi, certaines recommandations*[20] *et des circulaires dénuées de caractère impératif*[21] *ainsi que certaines mesures d'ordres intérieures*[22] *sont des actes insusceptibles d'être attaqués devant le juge administratif.*

---

19 Cour. const., n° 06-35/CC du 8 décembre 2006, *Président de l'Assemblée nationale.*

20 CE, 13 juillet 2007, *Société Editions Tissot*, n° 294195 ; pour le juge, il y a deux catégories de recommandations, les unes non impératives, les autres impératives. Les premières « ne constituent pas, par elles-mêmes, des décisions administratives susceptibles de faire l'objet d'un recours pour excès de pouvoir ; qu'il en irait, en revanche, différemment de recommandations de portée générale, qui seraient rédigées de façon impératives ».

21 CE, 18 décembre 2002, *Mme Duvignère*, n° 233618 ; pour le juge, « considérant que l'interprétation que par voie, notamment, de circulaires ou d'instruction l'autorité administrative donne des lois et règlements qu'elle a pour mission de mettre en œuvre n'est pas susceptible d'être déférée au juge de l'excès de pouvoir lorsque, étant dénuée de caractère impératif, elle ne saurait, quel qu'en soit le bien-fondé, faire grief ».

22 CE, 11 janvier 1967, *Bricq*, n° 69909 ; pour le juge, « la décision de mutation d'un étudiant d'un groupe de travaux dirigés à un autre, est une mesure d'ordre intérieur qui n'est pas susceptible d'être déférée au juge de l'excès de pouvoir par la voir voie du recours contentieux ».

II/ Les actes de l'administration attaquables devant le juge administratif

À l'heure actuelle, il n'existe aucun code de l'Union qui regroupe l'ensemble des actes de l'administration pouvant faire l'objet d'une contestation devant le juge administratif. Par voie de conséquence, il serait souhaitable que l'Union se dote d'un code administratif en la matière.

Toutefois, suivant certains textes de l'Union et certaines jurisprudences, il est admis que certains types d'actes de l'administration sont attaquables devant la juridiction de l'ordre administratif. Ces types sont des actes administratifs, lesquels présentent le caractère des actes normateurs et faisant grief. Ces actes sont ceux qui sont édictés, à l'aide des prérogatives de puissance publique, par l'administration.

Autrement dit, l'acte doit émaner d'une autorité administrative [autorités gouvernementales, préfets, maires, directeurs d'établissement public] et édicté par le biais d'une prérogative de puissance publique[23] et surtout destiné à l'intérêt général[24]. Ces types d'actes sont donc attaquables devant la juridiction administrative. C'est le cas de certains décrets du président[25], de certaines délibérations des conseils municipaux[26],

---

[23] V- Cour.sup., section judiciaire, ch. civ, 29 aouts 2019, *succession du feu charif*; pour la Cour suprême, « l'administration peut signer des contrats de droit privé qui se différencient du contrat administratif par l'absence d'une qualification de contrat administratif, par un texte législatif ou réglementaire ou cumulativement lorsque l'administration ne dispose pas pour accompagner ce contrat, de clauses exorbitantes du droit commun et ne visent pas l'exécution d'un service public ».

[24] *Ibid.*

[25] V- l'article 130 de l'ordonnance du 19 octobre 2019, abrogeant et remplaçant la loi du 27 juin 2005, relative à la Cour suprême.

[26] V- l'article 24 de la loi du 7 avril 2011, portant décentralisation au sein de l'Union des Comores.

des décisions des directeurs des impôts[27], et des décisions émanant des sociétés à capitaux publics et des établissements publics[28].

D'une manière générale, il faut qu'il existe au préalable une décision prise par l'administration et ayant un caractère impératif et faisant grief pour qu'un recours soit recevable devant le juge. À défaut, le recours sera déclaré irrecevable.

$2 – Les conditions de recevabilité tenant à l'auteur du recours

La faculté de pouvoir saisir le juge administratif est liée, de prime d'abord, à l'existence d'une personnalité juridique. Autrement dit, le recours doit être exercé par une personne ayant la capacité pour agir. Il est donc logique qu'une personne frappée d'une maladie mentale ne puisse avoir la capacité d'agir en justice. Il en va de même pour les mineurs non émancipés qui ne possèdent pas le droit d'exercer un recours devant la juridiction administrative.

En effet, pour que le recours soit recevable, la jurisprudence de l'Union vérifie la qualité du requérant. Dans un arrêt rendu en date du 28 juin 2018, la Cour suprême a cassé sans renvoi l'arrêt n° 40-16 de la Cour d'appel au motif qu'« unc communauté villageoise ne revêt pas la qualité pour que son action soit recevable [...], en ce qu'elle n'a pas la personnalité juridique pour ester en justice »[29]. Ceci s'explique par le fait que, s'agissant des personnes morales, celles-ci doivent être

---

27 V- l'article l.130 du livre des procédures fiscales issu de la loi n°11-07 du 3 mai 2011 portant code général des impôts.

28 V- l'article 5 de la loi n°06-010 du 2 janvier 2006 portant réglementation générale des sociétés à capitaux publics et des établissements publics.

29 Cour. sup., section judiciaire, ch. civ, 28 juin 2018, *Communauté villageoise de Nioumadzaha Mvoumbari.*

juridiquement reconnues. Cette reconnaissance leur permet de pouvoir saisir la juridiction administrative. Dans un arrêt rendu par l'ancienne Cour constitutionnelle [bien qu'il ne concerne pas le contentieux administratif, mais il reste possible d'apprécier la qualité du requérant au regard de cette jurisprudence] en date du 26 janvier 2017, que l'absence d'un enregistrement du statut d'une association « enlève le requérant la capacité juridique d'ester en justice »[30]. Dans les cas d'espèce, l'ancienne Cour constitutionnelle s'était fondée sur la loi du 30 juin 2004 relative à l'organisation et aux compétences de la Cour constitutionnelle qui dispose, à son article 29, que « si le recours est introduit par une personne morale, cette partie produit, à la première demande, la preuve de l'enregistrement de ses statuts ».

Également, cette faculté de pouvoir saisir le juge administratif est liée à l'intérêt du requérant pour agir en justice. À l'heure actuelle, le droit positif de l'Union des Comores ne définit pas la notion « d'intérêt pour agir ». Il n'apporte pas non plus des précisions sur les critères de reconnaissance dudit intérêt. Mais il est certain que pour pouvoir démontrer cet intérêt, le requérant doit être en mesure de prouver que la décision administrative lui est, de toute évidence, défavorable et qu'il a « un intérêt légitime au succès ou au rejet d'une prétention » [31] . Cela dit, le requérant doit être capable de démontrer que l'acte administratif qu'il conteste ait porté atteinte à ses droits ou comme le précise le code général des

30 Cour. const., n° 17-002/CC du 26 janvier 2017, *Syndicat des agents Comores Télécom*.

31 Article 31 issu de l'ordonnance n°01-001 du 19 juin 2001 portant nouveau code de procédure civile aux Comores.

impôts, « ne donne pas entière satisfaction au réclamant »[32]. On lit par exemple, à travers l'article 24 de la loi du 7 avril 2011 portant décentralisation au sein de l'Union des Comores, que « toutes les délibérations des conseils peuvent faire l'objet d'un recours pour excès de pouvoir. Toutefois, un membre du conseil ne peut demander l'annulation d'une délibération que pour violation d'une procédure et notamment pour atteinte à ses prérogatives de membre ».

Néanmoins, il est vrai que le droit comorien ne détaille pas davantage cette notion de l'intérêt pour agir et d'où la nécessité pour le législateur et à défaut pour le juge d'apporter davantage de précisions sur cette notion d'intérêt pour agir, surtout sur les conditions requises pour que le particulier puisse évoquer cet intérêt.

NB/

En droit du contentieux administratif français, la jurisprudence a dégagé plusieurs critères pour reconnaître au requérant son intérêt d'agir en justice.

- *Un intérêt légitime*[33].
- *Un intérêt personnel*[34]*, mais aussi collectif pour les personnes morales*[35]
- *Un intérêt direct*[36].
- *Un intérêt certain*[37].

---

[32] V-art L. 130 du livre des procédures fiscales issu de la loi n° 11-07 du 3 mai 2011 portant code général des impôts.

[33] V- CE, 14 avril 1961, *Sieur Virel*, rec., p.237.

[34] V- CE, 18 octobre 2002, *M.X*, n°231771.

[35] V- CE, 22 juillet 2015, *Syndicat de l'Union locale de Calais*, n°383481.

[36] V- CE, 9 février 2018, *Communauté d'agglomération Val d'Europe agglomération*, n°404982.

[37] V- CE, 8 décembre 2000, n°215667.

§3 – Les conditions de recevabilité tenant au délai de recours

Traditionnellement, le délai de recours est de deux mois à compter de la notification ou de la publication de la décision administrative contestée. Plusieurs textes de l'Union fixent ce délai à deux mois. Par voie de conséquence, le particulier dispose d'un délai de deux mois pour contester la décision administrative devant la juridiction de l'ordre administratif à compter de la date de sa notification ou de sa publication.

Le code général des impôts dispose, par exemple, que « lorsque la décision du directeur des impôts ne donne pas entière satisfaction au réclamant, celui-ci peut, dans le délai de deux mois à partir du jour où il a reçu notification de la décision, porter le litige devant le tribunal administratif ». Pratiquement, ce délai de deux mois concerne l'ensemble des décisions administratives explicites comme implicites, sauf texte contraire[38]. Par exemple, pour les décisions implicites de rejet, « les intéressés disposent d'un délai de deux mois à compter du jour de l'expiration de la période de quatre mois susmentionnés pour se pourvoir contre cette décision implicite », selon l'alinéa 2 de l'article 132 de l'ordonnance n° 19-003 du 19 octobre 2019, abrogeant et remplaçant la loi organique du 27 juin 2005, relative à la Cour suprême.

Cela dit, dépassé dans ce délai, le recours sera déclaré irrecevable et, par voie de conséquence, l'acte administratif devient inattaquable. Par ailleurs, le droit positif de l'Union reste silencieux quant à la question de savoir s'il existe des cas où, lorsque le délai est dépassé, l'on peut tout de même contester la décision administrative. Contrairement en droit français où il

[38] Il est à vérifier si au regard du droit comorien, il y a des textes qui prévoient un délai plus court ou plus long que deux mois.

est possible de soulever l'exception d'illégalité pour contester une décision administrative même lorsque le délai de recours est dépassé. La technique de l'exception d'illégalité consiste à soulever l'illégalité d'un acte règlementaire ayant servi de base et de fondement la décision administrative non règlementaire contestée. Une fois après avoir obtenu l'annulation de l'acte réglementaire servant de base, l'acte contesté disparaît également.

Par ailleurs, la loi du 29 juin 2021 portant organisation et fonctionnement des Tribunaux administratifs, – rappelons que cette loi n'est pas entrée en vigueur, car non promulguée -, fixe le délai de recours à 4 mois.

CHAPITRE 6.

L'instance

L'essentiel

Avant que le juge administratif se prononce sur une question qui lui a été soumise, il existe une série d'actes de procédure qui commence dès l'introduction de la requête jusqu'à la décision du juge. Dans ce chapitre, il sera question de présenter la manière dont doit se dérouler l'instance en droit de l'Union des Comores.

En Union des Comores, il n'existe pas un code de procédure administrative comme en matière civile et pénale. En raison de cette absence du code de procédure administrative, les théoriciens et les praticiens rencontrent souvent des difficultés lorsqu'ils sont confrontés à une question qui est en rapport avec l'instance.

Rappelons que les deux textes – l'ordonnance du 19 octobre 2019, n° 19-003/PR, relative à la Cour suprême et la loi, n° 20-020/AU du 12 décembre 2020 relative à l'organisation judiciaire en Union des Comores – sont insuffisants pour expliquer, de manière précise, la façon dont doit se dérouler l'instance devant les juridictions administratives. Cette insuffisance textuelle constitue un frein pour l'évolution de cette matière, le contentieux administratif. Il serait donc temps que nos parlementaires se penchent sur cette question en vue d'adopter un véritable code de procédure administrative en suivant l'exemple du code de procédure civile et celui de procédure pénale.

Il est vrai que certains peuvent, en l'état actuel de notre droit, expliquer qu'à défaut d'un code de procédure administrative, le code de procédure civile sera appliqué, mais un tel argument doit être écarté. En effet, la procédure civile n'a rien de commun avec la procédure administrative. Cela s'explique par le fait que devant le juge de l'ordre judiciaire, on a deux personnes qui, au moment des faits, étaient à égalité, contrairement lorsqu'il s'agit d'un litige mettant en cause l'administration ; ici, au moment des faits, les parties n'étaient pas à égalité, l'administration avec ses prérogatives de puissance publique se trouvait dans une position dominante.

Cela dit, l'ordonnance du 19 octobre 2019 comporte des séries d'actes procéduraux qui commencent dès l'introduction de la requête jusqu'à la décision finale du juge. Dès lors, pour mieux expliquer le déroulement de l'instance, l'on se référa à cette ordonnance. Ces séries d'actes procéduraux commencent dès l'instruction (section 1) jusqu'à son achèvement par le biais d'une décision juridictionnelle (section 2).

Précisons que devant les tribunaux administratifs et la Cour d'appel statuant en matière administrative, la loi et la jurisprudence restent silencieuses quant à la manière dont la procédure administrative doit être exercée. Certes, la loi portant organisation et fonctionnement des Tribunaux administratifs est adoptée, mais elle n'est pas encore promulguée. Pour cette raison, cette loi ne sera pas évoquée dans ce chapitre. Sans doute, lors de la prochaine édition, lorsqu'elle sera promulguée, cette loi sera prise en compte.

Section 1 –
L'instruction

Par définition, l'instruction « désigne la phase de la procédure administrative contentieuse au cours de laquelle le juge est informé par les productions des parties sur le litige qui lui est soumis »[1]. En effet, eu égard à l'ordonnance de 2019, n° 19-003, relative à la Cour suprême, l'instruction se déroule en deux étapes. D'abord, l'étape de la mise en état du dossier ($1) et ensuite, l'étape de l'étude du dossier ($2).

$1 – L'étape de la mise en état du dossier

C'est la toute première étape de la phase de la procédure administrative. Elle est déclenchée après l'enregistrement de la requête introductive d'instance. Selon l'article 135 al.2 de l'ordonnance du 19 octobre 2019 relative à la Cour suprême, « immédiatement après l'enregistrement au greffe des requêtes introductives d'instance, le président de la Section désigne un rapporteur et lui transmet le dossier en vue de sa mise en état ».

En réalité, c'est cette étape qui va permettre au rapporteur désigné d'orienter la procédure avant l'étude approfondie du dossier. Rappelons que la procédure devant la juridiction de l'ordre administratif est écrite, contradictoire et inquisitoire. Par voie de conséquence, le rapporteur désigné, en vertu de son pouvoir inquisitorial, sera amené à faciliter la communication des mémoires et de l'ensemble des pièces nécessaires et utiles à l'étude du dossier. De ce fait, il lui revient, comme le précise l'article 136 de l'ordonnance du 19 octobre 2019 relative à la

---

1 Fiches d'orientation – « Instruction (contentieux administratif) » - Dalloz, sept.,2020.

Cour suprême, de prescrire « la notification par ministère d'huissier ou par tous moyens laissant trace à toutes les parties intéressées et fixe le délai dans lequel les mémoires en défense, accompagnés de toute pièce utile, devront être déposés au greffe ». En revanche, selon le dernier alinéa de cet article 136, « la communication en est ordonnée par le président de la Section administrative ». Notons que ce délai fixé doit être respecté puisque c'est ce qui va permettre de contredire l'autre partie adverse. À défaut, et parce que la procédure doit aussi être contradictoire, « le conseiller rapporteur adresse une mise en demeure à la partie qui n'observe pas le délai imparti », comme le prévoit l'article 138 de ladite ordonnance. Ce même article prévoit aussi la faculté d'accorder un nouveau délai, mais uniquement en cas de « force majeure ». Par ailleurs, cet article apporte la solution en cas de non-respect de cette mise en demeure. Selon cet article, « [...] si la mise en demeure reste sans effet ou si le dernier délai n'est pas observé, l'affaire est enrôlée à la première audience utile. Dans ce cas, le demandeur qui n'a pas observé le délai est réputé s'être désisté de l'affaire ; si c'est la partie défenderesse, elle sera réputée avoir acquiescé aux faits exposés dans le recours ».

Mais l'étape de la mise en état du dossier n'est pas limitée simplement à la communication des mémoires et pièces utiles. Elle permet également de savoir s'il est utile d'assurer la communication des pièces et mémoires ; d'une autre manière, il sera question de savoir s'il peut avoir une dispense d'instruction, laquelle va accorder au président de la section administrative le pouvoir de ne pas communiquer les mémoires et pièces utiles.

NB/

Notons qu'en France, cette dispense d'instruction n'est pas vue comme transgressant la procédure contradictoire. Dans un arrêt rendu en 2012, Union Syndicale des magistrats administratifs, la Haute juridiction administrative a considéré que « si l'article R.611-8 permet de dispenser certaines affaires d'instruction lorsque la solution est d'ores et déjà certaine, les dispositions attaquées n'ont, par suite, pas en elles-mêmes pour effet de dispenser les litiges en cause d'une instruction contradictoire ; que, dès lors, le moyen tiré de ce qu'elles porteraient, pour ce motif, atteinte au principe constitutionnel des droits de la défense ne peut qu'être écarté »[2].

En droit de l'Union, cette mention n'est pas précisée. Mais l'on peut, dans la même veine, considérer que cette dispense d'instruction ne nuit pas aux règles de la procédure contradictoire.

Selon l'article 139 de l'ordonnance de 2019 relative à la Cour suprême, « lorsqu'il apparaît, au vu de la requête introductive d'instance, que la solution de l'affaire est d'ores et déjà certaine, le président peut décider qu'il n'y a pas lieu à instruction et transmettre le dossier au ministère public avant la mise au rôle ».

$2 – L'étape de l'étude du dossier

À la lecture de l'ordonnance de 2019 relative à la Cour suprême, l'on peut penser que le travail du rapporteur, chargé du dossier, se limite à la simple mission de communiquer les mémoires et pièces utiles. Mais en réalité, son travail va au-delà de cette simple mission. Il lui revient, en effet, de mener une étude approfondie sur le dossier. Et pour y parvenir, il doit posséder des connaissances solides en droit et plus particulièrement en droit du contentieux administratif. De plus, il doit être en mesure de développer un raisonnement juridique cohérent et d'être à la fois pragmatique et méthodique.

2 CE, 4 juil. 2012, *Union syndicale des magistrats administratifs*, n° 338829.

En réalité, le rapporteur désigné doit être un pur théoricien et un véritable praticien de droit. Ce qui va lui permettre d'émettre son avis sur le dossier. On lit d'ailleurs que « le rapporteur, chargé de l'étude du dossier, doit produire un projet de décision accompagné, le cas échéant, d'une note et d'une documentation de travail. La mission essentielle du rapporteur d'une affaire est, en effet, de proposer à ses collègues une solution au litige dont il a la charge »[3]. Mais pouvoir fournir un projet de décisions nécessite, au préalable, que le rapporteur puisse aussi recueillir les moyens soulevés par les parties. À ce propos d'ailleurs, il doit, s'il veut y parvenir, traiter les parties de la même manière et donc à titre égal ; c'est le principe de la procédure contradictoire. La loi, n° 20-020 du 12 décembre 2020, relative à l'organisation judiciaire en Union des Comores, précise, à travers l'article 10, que « devant les juridictions, les justiciables bénéficient des mêmes droits et des garanties prévus pour leur défense conformément au Préambule de la Constitution ».

L'instruction du dossier est une étape essentielle dans la procédure administrative. Elle constitue même le fondement de cette procédure. C'est une étape primordiale pour le rapporteur-désigné qui doit mettre tous les moyens et les efforts nécessaires en vue d'émettre son avis sur le dossier en instruction. Dès que son travail est réalisé, l'instruction peut être clôturée. Dans ce cas, l'article 146 de l'ordonnance de 2019 prévoit que « le rôle de chaque audience est arrêté par le président de la section administrative. Il est communiqué au représentant du ministère public et communiqué aux parties ou aux mandataires par tous moyens laissant trace ».

---

3 Bertrand SEILLER, Mattias GUYOMAR – *Contentieux administratif*, Dalloz, coll., HyperCours, 2019, p.444.

SECTION 2 –
Le 'Jugement'

Le jugement est la phase finale de la procédure administrative. C'est le moment où le juge va mettre fin à un litige en prenant une décision. Toutefois, avant de prendre sa décision, il y a toute une série d'étapes à passer et à respecter. D'abord, la phase préalable à la décision du juge ($1) ensuite la phase de la décision du juge ($2).

En outre, avant d'exposer ces deux phases, il est primordial de rappeler le rôle que doit jouer le commissaire du gouvernement dans la procédure administrative. En effet, toutes les fois que le juge administratif doit rendre une décision, elle doit le faire en présence du commissaire du gouvernement. Celui-ci est un représentant du ministère public. L'article 124 al.3 de l'ordonnance de 2019 précise que « [...] La chambre contentieuse ne peut statuer valablement que lorsque trois membres, le président y compris, sont présents, assistés d'un greffier, en présence d'un représentant du ministère public faisant fonction de commissaire du gouvernement et qui conclue sur toutes les affaires ».

Le commissaire du gouvernement a un rôle important à jouer en matière de procédure administrative. Ses conclusions peuvent en effet orienter le procès. Et comme il a l'obligation d'émettre des conclusions sur toutes les affaires, ses opinions peuvent parfois influencer le juge, mais pas forcément. Ce qui est certain, même si les textes ne le disent pas, ses conclusions ne lient pas le juge. Ce dernier peut écarter les avis émis par le commissaire du gouvernement. Ce qui est sûr, de la même manière que le rapporteur désigné doit être un pur théoricien et un véritable praticien de droit, le commissaire du gouvernement doit l'être également. Il doit connaître le droit puis être à la fois en mesure de proposer des solutions adaptées en tenant compte de l'évolution du droit et de la société. Par ailleurs, lorsqu'il donne son avis sur une affaire, il le fait soit pour proposer l'annulation de l'acte administratif en raison de son illégalité constatée, soit c'est pour dire que ledit acte est conforme à la règle de droit et donc rejeter la requête introduite par le particulier. En principe, le commissaire du gouvernement dispose d'un délai de quinze jours pour conclure par écrit. C'est ce délai qui va lui permettre d'examiner le dossier en vue de donner ses opinions qui doivent être prononcées le jour de l'audience.

D'une manière générale, le commissaire du gouvernement a le dernier mot après que les parties au procès ont présenté leurs observations orales. Il émet ainsi ses conclusions. S'ensuit par la suite la phase de la décision juridictionnelle.

$1 – La phase préalable à la décision du juge

L'ordonnance de 2019 et la loi du 12 décembre 2020 prévoient des étapes préalables à la décision finale du juge administratif de l'Union. Il s'agit d'abord de l'étape des audiences qui doivent être tenues publiquement (I) et, ensuite, de l'étape du délibéré (II). Il existe donc des principes qui doivent être respectés par les juridictions de l'ordre administratif. Il s'agit du principe de la publicité des audiences et le principe du secret du délibéré.

I/ L'étape des audiences

Cette étape est prévue par l'ordonnance de 2019 relative à la Cour suprême puis par la loi du 12 décembre 2020 portant organisation judiciaire en Union des Comores. L'article 5 de l'ordonnance de 2019 précise que « les audiences de la Cour suprême [...] sont publiques. La Cour peut ordonner le huis clos si l'ordre public [ainsi que] les bonnes mœurs le commandent ». Quant à la loi du 12 décembre 2020, son article 33 dispose que « les audiences des juridictions sont publiques, à moins que la loi en dispose autrement ou que cette publicité ne soit dangereuse pour l'ordre public ou les bonnes mœurs, auquel cas, le président de la juridiction saisie ordonne soit d'office, soit à la demande de l'une des parties le huis clos ».

Devant les juridictions de l'ordre administratif de l'Union, une fois l'instruction du dossier est clôturée, l'étape suivante est celle de l'organisation des audiences publiques. Le procès doit être tenu en audience publique. En revanche, cette étape est frappée d'exceptions. En effet, la loi peut prévoir autrement. La sauvegarde de l'ordre public et des bonnes mœurs peut commander la tenue d'une audience en huis clos.

Cela dit, cette phase des audiences publiques demeure un principe législatif qui s'impose aux juridictions. En très peu de mots, les audiences au sein des juridictions de l'ordre administratif doivent être ouvertes au public.

II/ Le principe du secret du délibéré

Rappelons que lors de l'audience, publique ou en huis clos, les parties sont appelées à présenter leurs observations orales. L'article 147 de l'ordonnance de 2019[4] dispose que, « après le rapport fait sur chaque affaire par un conseiller, les parties peuvent présenter, par le biais de leurs avocats, des observations orales, à l'appui de leurs conclusions écrites ». Dès que cette étape de plaidoirie est terminée, place au commissaire du

---

[4] Ce principe est en principe le même que celui appliqué devant les tribunaux administratifs et les Cours d'appel statuant en matière administrative, à défaut d'une loi le précisant.

gouvernement d'émettre ses conclusions. S'ensuit ensuite le délibéré. Celui-ci est une autre étape de la procédure administrative. D'une autre manière, les magistrats appartenant à la formation de jugement vont devoir examiner encore le dossier. Une discussion va être menée et qui va donner lieu à un vote. En principe, seuls les magistrats appartenant à la formation de jugement doivent participer au vote. Et « [...] les décisions sont prises à la majorité » selon l'article 5 al.6 de l'ordonnance de 2019 relative à la Cour suprême.

Par ailleurs, la loi exige que le délibéré soit secret. Par voie de conséquence, il est interdit de rendre publics les opinions ainsi que les discours tenus lors de la délibération. Ici, seuls les magistrats appartenant à la formation de jugement sont tenus de savoir les opinions émises et le vote lors de la délibération. C'est le sens de cet alinéa 6 de l'article 5 de l'ordonnance de 2019 relative à la Cour suprême en vertu duquel, « le délibéré est secret [...] ».

$2 – La phase de la décision juridictionnelle

C'est l'étape finale de la procédure administrative. Elle comporte deux moments, le moment de la rédaction des décisions (I), et le moment de la prononciation de la décision (II).

I/ La rédaction des décisions

De la même que les requêtes introductives d'instance sont écrites, la décision du juge doit être aussi écrite. Cette exigence s'impose aux juridictions de l'ordre administratif. Autrement dit, avant de rendre la décision, le juge doit la rédiger. Il découle de l'article 36 de la loi du 12 décembre 2020 portant organisation judiciaire en Union des Comores que « les arrêts et jugements doivent être rédigés avant leur prononcé par les juges qui les ont rendus ». Cette étape est importante, car cela demeure la preuve que l'affaire a été discutée, traitée et enfin résolue. Il s'avèrerait donc contraire à la loi de prononcer une décision juridictionnelle sans l'avoir, au préalable, rédigé. D'une autre manière, la rédaction des décisions juridictionnelles se révèle fondamentale.

II/ La prononciation de la décision

La loi exige que les décisions juridictionnelles, une fois rédigées, soient lues. Elles doivent être prononcées publiquement et rendues publiques. L'ordonnance de 2019, à travers son article 5 al.7, précise que « les arrêts, en toute matière, sont prononcés publiquement ». Et l'article 33 al.2 de la loi portant organisation judiciaire en Union des Comores du 12 décembre 2020 précise que « dans tous les cas, les jugements ou les arrêts qui interviennent sont, en toutes matières, prononcés publiquement ».

Il est à noter que toutes les décisions juridictionnelles doivent être motivées.

CHAPITRE 7.

Les voies de recours et la décision juridictionnelle

L'essentiel

Dans ce chapitre, il est question de montrer que les décisions juridictionnelles sont susceptibles d'être contestées. Il existe donc en droit de l'Union des voies de recours ouvertes contre les décisions juridictionnelles de l'ordre administratif. Toutefois, il est important de rappeler qu'il n'existe pas de code de procédure administrative de l'Union. Pour cette raison, le code appliqué et qui sera référencé, en vue de présenter ces voies de recours, est le code de procédure civile. À noter que cette circonstance peut être vue comme une atteinte au principe du dualisme juridictionnelle. D'où l'intérêt d'adopter un code de procédure administrative distincte du code de procédure civile.

Il est tout à fait possible de revoir une décision rendue par une juridiction de l'ordre administratif. Il existe donc des voies de recours ouvertes contre les décisions rendues par les juridictions administratives. Par ailleurs, il est bien important de rappeler que le principe du dualisme juridictionnel suppose qu'il y a des règles propres applicables à chaque ordre de juridiction : d'un côté des règles civiles pour les juridictions de l'ordre judiciaire et de l'autre côté, des règles de droit public pour les juridictions de l'ordre administratif. Or, force est de constater que s'agissant des voies de recours ouvertes contre la décision juridictionnelle de manière générale, il n'y a que le code de procédure civile, sans pour autant oublier l'ordonnance relative à la Cour suprême du 19 octobre 2019 [1], qui régit ces procédures. Cette situation constitue un obstacle au principe du dualisme juridictionnel. D'où l'important d'adopter un code spécial qui prendrait la forme d'un code de procédure administrative.

Par-delà ce constat, il existe deux sortes des voies de recours ouvertes contre les décisions rendues par les juridictions administratives. D'abord, les voies de recours ordinaires (section 1) et ensuite, les voies de recours extraordinaires (section 2).

Section 1 –
Les voies de recours ordinaires

À la lecture du code de procédure civile des Comores, il existe deux voies de recours ordinaires qui sont l'appel ($1) et l'opposition ($2). Mais seul le recours en appel est prévu pour ce qui concerne le contentieux administratif. Quant à l'opposition, le droit de l'Union reste silencieux ; à l'heure actuelle, l'on ne peut affirmer qu'une personne défaillante peut user cette voie de recours devant une juridiction administrative. Cependant, la loi du 29 juin 2021 portant organisation et fonctionnement des Tribunaux administratifs le prévoit. Mais rappelons que cette loi, adoptée par l'Assemblée de l'Union, n'est pas encore promulguée.

---

[1] Ordonnance, n° 19-003/PR du 19 octobre 2019 relative à la Cour suprême, abrogeant et remplaçant la loi organique, n°05-012/AU du 27 juin 2005 relative à la Cour suprême.

$1 – L'appel

Par définition, l'appel est une voie de recours dirigée contre les décisions rendues par les juridictions de première instance. Autrement dit, il s'agit de contester les décisions rendues par les tribunaux administratifs auprès d'un juge d'appel. L'existence d'un juge d'appel est une preuve à l'appui de l'existence de la règle d'un double degré de juridiction. Par ailleurs, cette voie de recours présente des effets.

I/ La règle du double degré de juridiction

En principe[2], toutes les décisions rendues par les Tribunaux administratifs peuvent faire l'objet d'un recours devant le juge d'appel. Tout justiciable dispose d'un droit de contester les jugements rendus par les Tribunaux administratifs devant un juge d'appel. En effet, la règle du double degré de juridiction est une règle qui confère à tout justiciable le droit d'être entendu par un second juge, c'est-à-dire de la faculté laissée à une partie de pouvoir porter sa cause devant une juridiction administrative d'appel. L'article 49 de la loi relative à l'organisation judiciaire du 12 décembre 2020 précise que « la Cour d'appel est compétente pour connaître l'appel des décisions rendues par les juridictions de première instance en matière [...] administrative ». Ces juridictions de première instance sont donc les Tribunaux administratifs. L'article 97 dispose qu'« il est

---

[2] À lire par exemple l'article 214 de la loi portant organisation et fonctionnement des Tribunaux administratifs. Par ailleurs, cette loi n'est pas encore promulguée et donc pas encore en vigueur. Selon cet article, « les décisions juridictionnelles rendues contradictoirement ou réputées contradictoirement par les Tribunaux administratifs sont susceptibles d'appel devant la chambre administrative de la Cour d'appel du ressort du Tribunal ayant rendu lesdites décisions dans les conditions et formes prévues aux paragraphes qui suivent ».

institué, dans leur ressort judiciaire de chaque juridiction de première instance, un tribunal administratif». Quant au délai de recours, il est « d'un mois en matière contentieuse », à compter de la notification du jugement rendu par le tribunal administratif, selon l'article 543 du code de procédure civile comorienne. La loi portant organisation et fonctionnement des Tribunaux administratifs, non promulguée et adoptée le 29 juin 202, fixe aussi ce délai à un mois. L'article 215 de ladite loi précise que « l'appel est formé par déclaration écrite, enregistrée au Greffe de la juridiction qui a statué, selon le cas, à peine de forclusion, dans un délai d'un mois à compter de la notification ou de la signification de la décision attaquée ».

Toutefois, la Cour d'appel n'est pas la seule juridiction pour connaître les recours dirigés contre les jugements rendus par les Tribunaux administratifs. En effet, il existe des matières dans lesquelles la compétence en appel n'appartient pas à la Cour d'appel. Une autre juridiction peut connaître les recours en appel formés contre les décisions rendues par les Tribunaux administratifs. C'est le cas du contentieux de l'impôt. La loi de l'Union donne compétence à la chambre administrative de la Cour suprême de statuer sur les recours, en matière de réclamations relatives aux impôts, dirigés contre les jugements rendus par les Tribunaux administratifs. L'article L.134 du livre des procédures fiscales, en Union des Comores, dispose que « lorsque la décision du directeur des impôts ne donne pas entière satisfaction au réclamant, celui-ci peut, dans le délai de deux mois à partir du jour où il a reçu notification de la décision, porter le litige devant le Tribunal administratif, puis en appel devant la Cour suprême ».

En outre, à défaut d'un code de procédure administrative ou d'un texte particulier, propre à la juridiction administrative d'appel, les conditions de recevabilité sont celles qui sont posées par le code de procédure civile. L'article 53 de la loi du 12 décembre 2020 portant organisation judiciaire précise que « la Cour d'appel est saisie conformément aux dispositions du code de procédure civile, du code de procédure pénale et des textes particuliers ». Et concernant l'appel formé devant la Cour suprême, l'article 129 de l'ordonnance du 19 octobre 2019 relative à la Cour suprême dispose que « la procédure suivie en appel et en cassation est celle prévue par le Code de procédure civile ». Ainsi, seules les parties ayant intérêt peuvent faire faire appel, en matière contentieuse. Autrement dit, seules les parties qui ont été présentes devant le tribunal administratif sont habilitées à former un recours en appel devant le juge d'appel.

II/ Les effets de l'appel

Le recours en appel devant la Cour d'appel est suspensif et donc suspend le jugement rendu en premier ressort par les Tribunaux administratifs. L'article 544 du code de procédure civile des Comores précise que « le délai de recours par une voie ordinaire suspend l'exécution du jugement. Le recours exercé dans le délai est également suspensif ». Cela signifie donc que le recours en appel formé devant la Cour d'appel et contre le jugement rendu par un tribunal administratif suspend celui-ci. On voit très bien la difficulté que les parties au procès peuvent rencontrer ; en effet, la suspension de l'exécution des jugements rendus par les Tribunaux administratifs risque de porter atteinte au principe de sécurité juridique. Autrement dit, si le jugement est favorable à l'administration, et en faisant appel, l'exécution de ce jugement est suspendue. Dans certains cas, cela peut poser des problèmes de sécurité juridique, notamment en matière d'ordre public. Puisque dans ce cadre, l'administration va devoir cesser d'exécuter sa décision destinée à la préservation de l'ordre en attendant la décision du juge d'appel. En revanche, si le jugement rendu en première instance est défavorable à l'administration, et en faisant appel, c'est la sécurité juridique de l'administré qui est menacée, en ce sens qu'entre la décision rendue en première instance et celle qui sera rendue par le juge d'appel, l'administration aura tout son temps à exécuter sa décision.

Toutefois, le recours en appel dirigé devant la section administrative de la Cour suprême n'est pas suspensif. L'article 142 de l'ordonnance du 19 avril 2019 dispose que « le recours devant la section administrative n'est pas suspensif ». Cet article ne précise pas s'il s'agit seulement du pourvoi en cassation ou bien s'il inclut le recours en appel. Rappelons que la Cour suprême peut connaître en appel des recours dirigés contre certains jugements du tribunal administratif en matière d'impôt. Dans ce cas, en donnant une interprétation large, le recours en appel devant la Cour suprême ne suspend pas l'exécution du jugement rendu par le tribunal administratif. En outre, pour une interprétation stricte, on peut considérer que cet article 142 ne concerne que le recours de pourvoi en cassation. Et de ce fait, le recours en appel devant la Cour suprême suspend l'exécution du jugement rendu par le tribunal administratif dès lors qu'elle statue en tant que juge d'appel.

NB/

En droit français, l'appel a un caractère non suspensif. Autrement dit, le recours en appel formé ne suspend pas le jugement rendu par le tribunal administratif, lequel jugement s'exécute jusqu'à ce qu'il soit annulé par le juge d'appel. Rappelons qu'en droit français du contentieux administratif, ce n'est pas le code de procédure civile qui est appliqué (contrairement en droit de l'Union du contentieux administratif), mais plutôt le code de justice administrative. Et l'article R.811-14 du code de justice administrative dispose que « sauf dispositions particulières, le recours en appel n'a pas d'effet suspensif s'il n'en est autrement ordonné par le juge d'appel dans les conditions prévues par le présent titre ».

L'appel a aussi un effet dévolutif, autrement dit, il « remet la chose jugée en question devant la juridiction d'appel pour qu'il soit à nouveau statué en fait et en droit », comme le précise l'article 566 du code de procédure civile comorien.

$2 – L'opposition

Cette voie de recours, en droit de l'Union, n'est pas encore prévue en matière du contentieux administratif. Aucun texte de l'Union n'a consacré cette faculté pour les justiciables d'user cette voie de recours devant les juridictions administratives. Par ailleurs, la loi portant organisation et fonctionnement des Tribunaux administratifs adoptée le 29 juin 2021 a consacré cette voie de recours. Mais rappelons que cette loi n'est pas en vigueur puisqu'elle n'est pas encore promulguée.

Par-delà cette loi portant organisation et fonctionnement des Tribunaux administratifs, qui n'est pas encore promulguée, le code civil de l'Union prévoit cette voie de recours. Selon l'article 576 du code civil comorien, « l'opposition tend à faire rétracter une décision rendue par défaut. Elle n'est ouverte qu'au défaillant ». Cette personne défaillante est celle qui, après avoir été mise en cause, n'a pu fournir aucun mémoire au juge ayant statué. Ainsi, selon l'article 577 dudit code, « l'opposition remet en question, devant le même juge, les points jugés par défaut pour qu'il soit à nouveau statué en fait et en droit ».

NB/

Le droit positif français, pour ce qui est du contentieux administratif, a consacré cette voie de recours devant la juridiction administrative, précisément devant le Conseil d'État. En effet, l'article R.831-1 du code de justice administrative dispose que « toute personne qui, mise en cause par le Conseil d'Etat, n'a pas produit de défense en forme régulière est admise à former opposition à la décision rendue par défaut, sauf si celle-ci a été rendue contradictoirement avec une partie qui a le même intérêt que la partie défaillante ». Et l'article R.831-2 d'ajouter que « l'opposition n'est pas suspensive, à moins qu'il en soit autrement ordonné ».

Section 2 – Les voies de recours extraordinaires

Au regard du code de procédure civile comorienne, il y a trois sortes de voies de recours extraordinaires ; le recours en révision, le pourvoi en cassation, la tierce opposition. Par ailleurs, la tierce opposition n'est pas ouverte devant les juridictions administratives. Sur ce point, les textes de l'Union sont silencieux. Toutefois, la loi portant organisation et fonctionnement des Tribunaux administratifs, non encore promulguée, a prévu cette voie de recours. Selon son article 205, « toute personne peut former tierce opposition à une décision des juridictions administratives qui préjudicient à ses droits, dès lors que ni elle ni ceux qu'elle représente n'ont été présents ou régulièrement appelés dans l'instance ayant abouti à cette décision ».

En outre, en combinant le code de procédure civile comorienne et l'ordonnance du 19 octobre 2019 relative à la Cour suprême, l'on peut présenter 4 quatre voies de recours extraordinaires qui sont le recours en cassation ($1), le recours en révision ($2), le recours en rectification d'erreur matérielle ($3) et le recours en interprétation ($4).

$ 1- Le recours en Cassation

Cette voie de recours est ouverte contre les décisions rendues par les juridictions administratives ayant statué en dernier ressort. Et elle est exercée seulement et uniquement devant la section administrative de la Cour suprême de l'Union. L'article 126 de l'ordonnance du 19 octobre 2019 relative à la Cour suprême dispose que « la section administrative est le juge de cassation de droit commun de toutes les décisions rendues en dernier ressort par les tribunaux administratifs sous les Cours administratives d'appel de l'Union ».

Rappelons que, comme le précise l'article 142 de ladite ordonnance, « le recours devant la section administrative n'est pas suspensif ». Les arrêts et jugements rendus en dernier ressort demeurent exécutoires jusqu'à la décision de la juridiction suprême. Il y a une exception et pour cette raison, « la section peut prescrire qu'il soit sursis à l'exécution d'une décision lorsqu'elle n'intéresse ni le maintien de l'ordre public, ni la tranquillité publique et si une requête aux fins de sursis lui est présentée », selon l'alinéa 2 dudit article.

Cependant, il y a des conditions de recevabilité pour que le recours en cassation soit admis. La première est la condition tenant à l'auteur du recours ; en effet, « la voie du recours en cassation est réservée aux personnes qui ont eu la qualité de partie dans l'instance ayant donné lieu à la décision attaquée »[3]. Les tierces personnes ne sont pas admises à exercer cette voie de recours.

Ensuite, il y a la condition tenant au délai de recours. Il est de deux mois. Selon l'article 128 de l'ordonnance de 2019, « le

---

[3] V- art. 127 de l'ordonnance n° 19-003/PR du 19 octobre 2019 relative à la Cour suprême.

délai de pourvoi en cassation est de deux mois. Il court à compter du prononcé de la décision rendue contradictoirement ».

Par ailleurs, la section administrative de la Cour suprême, juge de cassation, a comme rôle de vérifier si les décisions rendues par les juridictions administratives inférieures et donc du fond ont été prises conformément à la règle de droit. Cela consiste à contrôler si ces juridictions administratives inférieures, ayant statué en dernier ressort, n'ont pas commis des erreurs de droit. Et suivant le code de procédure civile comorienne – rappelons que « la procédure suivie en appel et en cassation est celle prévue par le code de procédure civile » -, la section administrative, juge de cassation, peut soit rejeter le pourvoi, soit casser partiellement ou totalement les décisions rendues par les juridictions administratives inférieures ».

$ 2 – Le recours en révision

Cette voie de recours permet de provoquer une révision des décisions rendues par la section administrative de la Cour suprême. Et contrairement au recours en cassation, ce recours en révision « est suspensif », comme le précise l'alinéa 2 de l'article 151 de l'ordonnance de 2019.

Et selon l'alinéa 1 de cet article, « le recours en révision est dirigé contre les arrêts contradictoires de la section administrative dans les cas suivants : si la décision a été rendue sur la base des fausses pièces ; si la partie a été condamnée faute de présenter une pièce décisive retenue par l'adversaire ; s'il y a eu non-application de la loi, fausse application ou fausse interprétation de la loi ; si la décision rendue est entachée d'une erreur de procédure non-imputable à la partie et qui a affecté la solution donnée à l'affaire ». L'alinéa 3 précise que « La section administrative doit statuer dans les deux mois ».

$ 3 – Le recours en rectification

Il faut admettre que le juge est avant tout un être humain. Et l'erreur est humaine. Le législateur de l'Union nous le prouve qu'en effet, le juge de cassation, statuant en matière administrative, peut commettre des erreurs. Par voie de conséquence, cette voie de recours est exercée en vue de corriger les erreurs pouvant être commises par le juge de cassation statuant en matière administrative.

L'article 152 de l'ordonnance du 19 octobre 2019 relative à la Cour suprême précise que « lorsqu'un arrêt de la section administrative est entaché d'une erreur matérielle susceptible d'exercer une influence sur le juge de l'affaire, la partie intéressée peut introduire devant la section un recours en rectification. [...] Il est introduit dans le délai d'un mois qui court à compter de la date de notification de la décision dont la rectification est demandée ».

> *NB/*
>
> *Cette erreur matérielle est différente de l'erreur juridique. Selon la doctrine administrative française, « l'erreur matérielle, à l'inverse de l'erreur juridique, ne repose sur aucune opération intellectuelle. Elle exclut toute appréciation juridique et n'affecte donc pas le jugement de l'affaire. C'est l'erreur commise par le juge dans les étapes de préparation de la décision ou bien encore dans la retranscription de sa décision »*[4].

4 Alix PERRIN – Contentieux administratif, Dalloz, 1er éd., coll. Mémentos, 2020, p.164.

$ 4 – Le recours en interprétation

Rappelons que souvent la jurisprudence administrative demeure difficile à comprendre. Les mots techniques employés, la formulation et le raisonnement juridique peuvent parfois rendre difficile la compréhension de la décision du juge.

Dès lors, cette voie de recours est exercée en vue d'obtenir le sens d'un tel arrêt rendu par la section administrative de la Cour suprême. Selon l'article 153 de l'ordonnance du 19 octobre 2019, le recours en interprétation peut être introduit contre les arrêts de la section administrative de la Cour suprême. [...] L'exercice du recours en interprétation n'est soumis à aucun délai tant que la décision n'a pas été exécutée. Une fois la décision exécutée, le recours en interprétation devient sans objet ».

Bibliographie

I. Ouvrages

Frier, P.-L., & Petit, J. (2020). *Droit administratif* (éd. 13). LGDJ.

Hauriou, M. (1921). *Précis de droit administratif.* Sirey.

Perrin, A. (2020). *Contetieux administratif* (éd. 1). Dallo.

Seiller, B., & Guyomar, M. (2019). *Contentieux administratif* (éd. 5). Dalloz.

Velley, S. (2014). *Droit administratif* (éd. 11). 2014.

II. Articles

Comores, C. s. (2019). Faut-il supprimer les juridictions administratives ? *RJCSC*(1), 81.

Drago, R. (1990). Actualité du principe de séparation en France et dans les Etats de la CEE. *AJDA*, 581.

Julien-Laferrière, F. (2018). La recevabilité des recours. *Dalloz Professionnels Pratique du Contentieux administratif*(220), 642.

Truchet, D. (2005). Plaidoyer pour une cause perdue : la fin du dualisme juridictionnel. *AJDA*, 1767.

III. Lois

1/ Nationales

Loi n° 20-020/AU, 12 déc. 2020, portant organisation judiciaire en Union des Comores

Loi n° 13-005/AU, 19 juin. 2013, portant statut de l'administration générale des impôts et des domaines

Loi n° 12-004/AU, 21 juin 2012, portant création d'une Administration générale

Loi n° 11-027/AU, 29 déc. 2011, portant passation des marchés publics et délégation des services publics

Loi n° 11-005/AU, 07 avr. 2011, portant décentralisation en Union des Comores

Loi n° 11-07/AU, 03 mai. 2011, portant code général des impôts

Loi n° 06-010/AU, 02 janv. 2006, portant réglementation générale des sociétés à capitaux publics et des établissements publics

Loi n° 05-018/AU, 31 déc. 2005, portant statut de la magistrature

Loi n° 05-016/AU, 20 déc. 2005, relative à l'organisation judiciaire dans l'Union et dans les îles (abrogée)

Loi n° 05-12/AU, 27 juin 2005, relative à la Cour suprême (abrogée)

Loi n° 87-021/AF, 23 déc. 1987, portant organisation judiciaire de la République Fédérale Islamique des Comores (abrogée)

2/ Étrangère

Loi du 24 mai.1872, portant organisation du Conseil d'Etat

3/ Ordonnance

Ordonnance n° 19-003, 19 oct. 2019, relative à la Cour suprême

IV. Jurisprudence

1/ de l'ancienne Cour constitutionnelle de l'Union des Comores

Cour. const., n° 05-008/CC du 28 février 2005, Président du groupe parlementaire Dudja Dzima.

Cour. const., n° 06-035/CC du 08 décembre 2006, Président de l'Assemblée de l'Union.

Cour. const., n° 07-001/CC du 16 janvier 2007, député Youssouf Said Soilihi.

Cour., const., n° 14-001/CC du 26 janvier 2014, Gouverneur d'Anjouan.

Cour. const., n° 16-028/CC du 13 octobre 2016, Directeur général de l'Agence Nationale des affaires maritimes.

Cour. const., n° 17-001/CC du 26 janvier 2017, Président de l'Association des maires de Ngazidja.

Cour. const., n°17-002/C du 26 janvier 2017, Syndicat des agents Comores Télécom.

Cour. const., n° 17-003/CC du 20 février 2017, Commune de Pimba.

2/ de la Cour suprême de l'Union des Comores

Cour. sup., section administrative, ch. adm, 23 mars 2017, Direction régionale des impôts de Ngazidja.

Cour. sup., section judiciaire, ch. civ, 26 mai 2017, Onicor.

Cour. sup., section sectionnelle et électorale, ch. élec, 26 juin 2018, Akram Said Mohamed, n° 18-002.

Cour. sup., section judiciaire, ch. civ, 28 juin 2018, Communauté villageoise de Nioumadzaha Mvoumbari.

Cour. sup., section judiciaire, ch. civ, 29 aout 2019, Succession du feu Charif.

Cour. sup., section administrative, ch. consultative, Avis, 27 avril 2021, ministre de l'intérieur, n° 21-008.

3/ du Conseil d'Etat français et du Conseil constitutionnel

CE, 19 février 1875, Prince Napoléon, n° 46707.

CE, sect., 23 mars 1945, Vinciguerra, rec., p. 56.

CE, 17 février 1950, Dame Lamotte, n° 86949.

CE, 29 novembre 1968, Tallangrand, n° 68938.

Cons. Const., DC n° 80-119 du 22 juillet 1980, loi portant validation d'actes administratifs.

CE, 10 juillet 1996, Cayseele, n° 138536.

CE, 29 novembre 2000, Commune de Païta, n° 205143.

CE, 28 juin 2002, Magiera, n° 239575.

CE, 18 décembre 2002, Mme Duvignère, n° 233618.

CE, 13 juillet 2007, Société Editions Tissot, n° 29415.

CE, 28 décembre 2009, Commune de Béziers, n° 304802.

CE, 04 juillet 2012, Union syndicale des magistrats administratifs, n° 338829.

CE, 09 février 2018, Communauté d'agglomération val d'Europe agglomération, n° 404982.

Table des matières

Structures éditoriales du groupe L'Harmattan

L'Harmattan Italie
Via degli Artisti, 15
10124 Torino
harmattan.italia@gmail.com

L'Harmattan Hongrie
Kossuth l. u. 14-16.
1053 Budapest
harmattan@harmattan.hu

L'Harmattan Sénégal
10 VDN en face Mermoz
BP 45034 Dakar-Fann
senharmattan@gmail.com

L'Harmattan Cameroun
TSINGA/FECAFOOT
BP 11486 Yaoundé
inkoukam@gmail.com

L'Harmattan Burkina Faso
Achille Somé – tengnule@hotmail.fr

L'Harmattan Guinée
Almamya, rue KA 028 OKB Agency
BP 3470 Conakry
harmattanguinee@yahoo.fr

L'Harmattan RDC
185, avenue Nyangwe
Commune de Lingwala – Kinshasa
matangilamusadila@yahoo.fr

L'Harmattan Congo
67, boulevard Denis-Sassou-N'Guesso
BP 2874 Brazzaville
harmattan.congo@yahoo.fr

L'Harmattan Mali
ACI 2000 - Immeuble Mgr Jean Marie Cisse
Bureau 10
BP 145 Bamako-Mali
mali@harmattan.fr

L'Harmattan Togo
Djidjole – Lomé
Maison Amela
face EPP BATOME
ddamela@aol.com

L'Harmattan Côte d'Ivoire
Résidence Karl – Cité des Arts
Abidjan-Cocody
03 BP 1588 Abidjan
espace_harmattan.ci@hotmail.fr

Nos librairies en France

Librairie internationale
16, rue des Écoles
75005 Paris
librairie.internationale@harmattan.fr
01 40 46 79 11
www.librairieharmattan.com

Librairie des savoirs
21, rue des Écoles
75005 Paris
librairie.sh@harmattan.fr
01 46 34 13 71
www.librairieharmattansh.com

Librairie Le Lucernaire
53, rue Notre-Dame-des-Champs
75006 Paris
librairie@lucernaire.fr
01 42 22 67 13

www.ingramcontent.com/pod-product-compliance
Lightning Source LLC
LaVergne TN
LVHW021230061026
849535LV00008B/3006